기회는 이동한다.
콜럼버스의 신대륙은 같은 자리에 머물러 있었지만, 기회는 가만히 한자리에 있지 않고 이동한다. 기회는 이동하면서 이전의 생각과 성공의 법칙, 부의 흐름을 흩어버린다. 크고 작은 여러 개의 폭풍우를 만들어낸다. 기회가 사라진다고 말하는 이도 있지만, 기회는 사라지거나 축소되지 않는다.
단지 이동할 뿐이다. 역사상 기회가 줄어든 적은 없다. 문명사나 산업사를 살펴보면 기회는 계속 커져 왔다. 앞으로도 그럴 것이다. 다만 기회는 끊임없이 이동해왔다. 부 역시 이동했다. 어떻게 이동하고 있는가. 어떻게 그 기회를 발견할 것인가, 이 책은 이것을 말하기 위한 것이다.

**한국과 아시아를 대표하는 미래학자가 공개하는
미래 변화의 핵심과 실제, 새로운 인재의 조건**

2030
기회의 대이동

기회의 대이동

1판 1쇄 발행 2014. 8. 13.
1판 6쇄 발행 2014. 12. 11.

지은이 최윤식·김건주

발행인 김강유
책임 편집 고세규
책임 디자인 안희정
제작 안해룡, 박상현
제작처 민언프린텍, 금성엘엔에스, 대양금박, 정문바인텍

발행처 김영사
등록 1979년 5월 17일(제406-2003-036호)
주소 경기도 파주시 문발로 197(문발동) 우편번호 413-120
전화 마케팅부 031)955-3100, 편집부 031)955-3250
팩스 031)955-3111

저작권자 ⓒ 최윤식·김건주, 2014
이 책은 저작권법에 의해 보호를 받는 저작물이므로
저자와 출판사의 허락 없이 내용의 일부를 인용하거나 발췌하는 것을 금합니다.

값은 뒤표지에 있습니다.
ISBN 978-89-349-6876-4 13320

독자 의견 전화 031)955-3200
홈페이지 www.gimmyoung.com
이메일 bestbook@gimmyoung.com

좋은 독자가 좋은 책을 만듭니다.
김영사는 독자 여러분의 의견에 항상 귀 기울이고 있습니다.

이 도서의 국립중앙도서관 출판시도서목록(CIP)은 서지정보유통지원시스템 홈페이지
(http://seoji.nl.go.kr)와 국가자료공동목록시스템(http://www.nl.go.kr/kolisnet)에서
이용하실 수 있습니다.(CIP제어번호: CIP2014022464)

미·래·는·누·구·의·것·인·가

2030
기회의 대이동

THE EXODUS OF OPPORTUNITY

최윤식 · 김건주

김영사

서문
땅이 이동하고 과녁이 움직이고 있다

급변의 시대에 미래를 이어갈 사람은 계속 배우는 학습자다. 배움을 끝낸 사람에게는 과거의 세계에서 살아갈 기술밖에 남아 있지 않다.[1]

'거리의 철학자'라고 불리는 미국의 사회철학자 에릭 호퍼(Eric Hoffer)의 말이다. 그는 1902년 독일에서 태어났다. 이후 가족 모두가 미국 뉴욕으로 이주했고, 부친은 가구 만드는 일을 했다. 호퍼는 어렸을 때 시력을 완전히 잃어 학교에 다니지 못했다. 그런 그에게 15세 무렵 기적이 찾아왔다. 다시 시력이 살아난 것이다. 일찍 부모를 잃은 그는 말 그대로 거리에서 살았다. 샌프란시스코 부두의 하역꾼, 사금 채취공, 노점상, 과일 추수 인부로 전전했다. 정상적인 정규 교육은 생각하기 힘들었다.

그런 중에도 많은 책을 읽었고 1941년 본격적으로 책을 쓰기 시

---

1 에릭 호퍼, 《인간의 조건》, 이다미디어, 2014.

작했다. 독서와 깊은 사색이 철학과 저서를 만들었다. 나치즘의 광풍 속에 발발한 2차 세계대전과 유럽의 황폐화 직후 그가 집필한 《대중운동의 실상(The True Believer)》(1951)은 전후 미국 사회에 커다란 반향을 일으켰고 스스로에게도 명성을 선사했다. 집단 동일시에 관한 심리연구서인 이 책은 오늘날에도 테러리스트, 자살 폭탄자 탐구에 적용되고 있다. 에릭 호퍼는 1983년 세상을 떠났고, 그해 미국 대통령의 자유훈장이 수여되었다. 우리에게는 같은 이름의 텔레비전 프로그램을 촉발시킨 《인간의 조건(Reflections on the Human Condition)》이란 책으로도 익숙하다.

오늘 우리의 일상을 살펴보면 그리 녹록해 보이지 않는다. 에릭 호퍼가 걸었던 인생길만큼 거칠고 힘들다고까진 할 수 없을지 몰라도, 엄청난 규모와 속도의 변화 앞에서 정신을 차릴 수 없을 만큼 거친 세상을 실감하고 있다. 과거 100년에 걸쳐 일어났던 변화가 10년, 아니 단 1년도 안 되는 짧은 기간에 일어나는 시대다. 그 속도가 엄청날 뿐 아니라 규모가 거대하고, 방향마저 알아차리기 힘들다. '변화'라는 단어가 시대를 점령해버린 듯하다. 변화를 이야기하지 않고서는 지금의 상황을 설명할 길이 없고, 내일의 가능성도 이야기할 수 없다.

이곳저곳에서 변화에 관한 이야기가 만들어지고 나누어지고 있다. 그런데 정작 그 변화의 속살에 관한 시원스런 정리나 설명을 만나기는 어렵다. 속도와 규모가 엄청나고 방향도 종잡을 수 없으니 정리하고 설명한다는 것 자체가 쉬운 일이 아니기 때문이다. 하지만 누군가는 정리하고 설명해야 하기에 무거운 책임감으로 준비한 것이 이 책이다. 도대체 지금 무슨 일이 일어나고 있는가. 그 변화는 우리에게 어떤 영향을 미칠 것인가. 어떻게 대비해야 하고, 무엇을 준비해야 하는가. 이 책의 존재 이유들이다. 어느 하나 가벼이 다룰 수 있는 주제가 아니다. 이 중 하나의 질문만이라도 깊이 있게 다루려면 엄청난 시간과 분량의 논의가 필요할 것이다. 모든 질문을 온전히 다루려면 백과사전만큼 거대한 분량이 될 것이나, 이 책은 변화와 기회를 다루는 백과사전이 아니다. 변화에 관한 자세한 내용을 이해하는 것보다 더 중요한 것은 변화를 바라보는 제대로 된 시선을 갖는 것이다. 이 책은 바로 그 '시선의 기술'을 다루고 있다. 자칫 변화에 대한 자세한 내용 섭렵에 집중하다 보면 각주구검(刻舟求劍)의 오류를 범할 수 있을 것이다. 중국 초(楚)나라 사람이 배를 타고 강을 건너다가 들고 있던 칼을 물속에 빠뜨렸다. 그러자 그는 곧 칼을 빠뜨린 뱃전에 칼자국을 내어 표시해두었다. 이윽고 배가 언덕에 와 닿자 칼자국이 있는 뱃전 밑 물속으로 뛰어들었다. 그러나 그곳에 칼이 있을 리 없었다.

지금처럼 변화의 속도와 규모가 상상을 뛰어넘는 상황에서 변화를 제대로 보기 위해서는 변화의 상세한 내용들보다는 변화를 일으키는 거대한 힘이 무엇인지 먼저 알아야 한다. 그래야 현재 자신이 처한 상황과 앞으로 만나게 될 새로운 상황에 적용할 수 있는 원리를 발견할 수 있다. 이 책은 변화를 일으키는 큰 힘이 무엇인지, 그 힘을 중심으로 현재와 가까운 미래에 일어날 변화가 무엇인지 이야기한다.

크게 세 묶음으로 구성했다. 1장 '땅의 이동'은 지구촌 단위에서 변화를 만들고 있는 거대한 힘에 관한 이야기다. 한국 사회는 분명 하나의 개별 사회이지만 지구촌과 분리되어 있지 않다. 홀로 고립되어 무엇을 할 수 있는 상황이 아니다. 한반도가 유라시아판 동쪽 끝에서 다른 부분들과 긴밀하고 유기적인 관계를 맺고 있듯이 한국 사회 또한 지구촌의 거대한 변화와 밀접하게 영향을 주고받을 수밖에 없다. 한국 사회의 변화를 읽고 새로운 기회를 읽어내기 위해서는 '땅의 이동'을 읽어내는 눈이 먼저 필요하다. 변화를 만들어내는 가장 근원적인 힘을 알고 있어야 변화에 대비할 수 있고 새로운 기회를 자신의 것으로 만들 수 있다.

2장 '과녁의 이동'은 거대한 땅의 이동 위에서 크고 작은 변화를 만들어내는 여러 요소에 관한 이야기다. 지구촌 규모의 거대한 변화는 평소 엄청난 속도의 지구 자전을 느끼지 못하며 살아가는 것처럼 별다른 인식 없이 넘겨버릴 수 있다. 하지만 고속철도나 음속 항공기처럼 가까이에서 느낄 수 있는 변화는 좀 더 쉽게 다가온다. 그리고 그런 변화가 직접적인 영향을 미친다. 가까운 미래 우리에게 직접 영향을 끼칠 변화의 요소가 무엇인지, 그리고 그것들이 만들어내는 변화의 모습이 어떠한지 볼 수 있는 시선이 필요하다. 그래야 과거에 갇히지 않고 현재에 안주하지 않고 내일을 향해 달려갈 수 있다.

3장 '활의 이동'은 지금 일어나고 있는 변화를 새로운 기회로 만들 수 있는 준비에 관한 이야기다. 거대 규모의 변화는 평범한 개인의 선택이나 노력으로 만들어지지 않는다. 그 변화가 만드는 새로운 기회 역시 몇몇 개인의 노력으로 만들어지지 않는다. 하지만 그 개인의 미래는 해당하는 개인의 준비로 만들어진다. 땅이 이동하고 과녁이 움직이고 있다면 거기에 맞는 준비가 필요하다. 새로운 생태계가 만들어지고 있다면 그 상황에 맞는 사냥꾼이 되기 위한 준비가 필요하다. 3부는 바로 그것에 관한 이야기다.

결론의 메시지를 미리 이야기한다면, '따라가려고 하지 말라'는 것이다. 앞서 준비하고 먼저 걸어가야 한다. 그래야 기회를 맞을 수 있다. 급변의 시대, 미래를 준비하는 데 도움이 되길 기대하는 마음으로 이 책을 준비했다. 계속해서 배우는 자들이 미래를 이어간다는 에릭 호퍼의 말이 우리 모두에게 희망의 전언이 되었으면 한다.

변화는 위기가 아니다. 새로운 기회를 낳는 산모의 고통과 같은 것이다. 힘들지만 그 과정이 있어야 아이와 산모 모두 의미 있는 미래를 얻을 수 있다. 변화의 고통은 마음의 준비, 행동의 준비를 통해 줄일 수 있다. 예로부터 철저한 준비는 헛됨이 없었다. 미래는 준비하는 자의 것이라는 말을 확신한다.

《부의 미래지도》(2009)부터 《2030 대담한 미래》(2013)까지 전문적인 미래 예측서를 써왔다. 책의 특성상 무거운 문체에 어려운 내용을 담아야 했다. 전문적인 관점에서 미래를 준비해야만 하는 이들을 위한 작업이었다. 앞선 책들과 달리 이 책 《2030 기회의 대이동》은 매일 치열하게 오늘이라는 일상의 터널을 지나면서 내일을 준비해야 하는 우리 모두를 위한 책이다. 새로운 예측을 추가하기보다 그간의 예측을 오늘이란 틀에 적용하고 해석하기 위해 노력했다.

이 책의 처음과 끝이 되어준 고세규 이사에게 감사의 마음을 전한다. 어느 날 예고 없이 찾아와 평범한 일상을 살아가는 보통 사람들이 미래를 준비하는 데 도움이 되는 책을 써야 할 때라고 경고하지 않았다면, 이 책은 태어나지 않았을 것이다. 이런저런 모습으로 미래를 준비하는 이들에게 작으나마 꼭 필요한 도움이 되었으면 한다.

2014년 8월
통찰의 서재에서
최윤식·김건주

| 차례 |

서문 땅이 이동하고 과녁이 움직이고 있다 04

0
기회가 움직이고 있다
: 미래 생태계를 준비하라 :

기회 이동 중 위기는 계속된다 20 │ 미래의 부가 시작되는 지식, 시간, 공간, 영성을 선점하라 22 │ 현재의 직장이 당신을 위협한다면 미래 생태계가 변한다는 미래 징후다 27 │ 지식의 속도가 당신을 집어삼키는 것도 미래 징후다 29 │ 기술이 당신의 월급을 집어삼키는 것도 미래 징후다 32 │ 미래 생태계를 이해하려면, 후기정보화 사회의 변화를 통찰하라 33 │ 미래 생태계 변화는 아시아가 주도한다 37 │ 기회는 위기에서 시작된다 40 │ 기회가 현실이 되기 전에 도전하라 49

1
땅의 이동
: 판이 바뀌고 있다 :

'경계'의 이동 59 │ 일상이 된 세계화 60 │ 어디에 있든 상관이 없다는 말인가? 62 │ 경험하지 못한 갈등의 등장 73 │ '인구 축'의 이동 77 │ 세계 인구 140억 명 시대 81 │ '에너지 축'의 이동 84 │ '경제 패권 축'의 이동 87 │ 아시아로 세계의 중심이 이동하는 결정적 요인들 90 │ 땅이 움직이고 있다 98

2

과녁의 이동

: 과녁은 어떻게 움직이고 있는가 :

끊임없이 움직이는 S세대를 주목하라 105 | 새로운 유목민, 베이비붐 세대를 주목하라 108 | 두 세대의 충돌과 융합 110 | 1인 가구, 가족의 개념을 리셋하다 113 | 정보의 의미와 가치가 변하고 있다 119 | 새로운 커뮤니케이션, 커뮤니케이션 산업을 리셋하다 127 | 가상 국가, 현실 국가를 리셋하다 134 | 미래 에너지, 에너지 산업을 리셋하다 142 | 미래 자동차, 자동차 산업을 리셋하다 148 | 바이오 기술, 의료산업을 리셋하다 153 | 잘 늙지도 죽지도 않는 몸과 정신을 가진 인간 158 | 가상인간과 함께 거리를 걷다 163 | 사람 닮은 로봇, 사람을 리셋하다 169 | 3D 프린터, 산업을 리셋하다 177 | 변화와 대이동의 큰 그림을 이해하라 182

3

활의 이동

: 어떻게 움직이는 과녁을 맞힐 것인가 :

인재의 정의가 바뀌고 있다 193 | 인재의 조건이 변하고 있다 199 | 회복탄력성을 높여라 242 | 세 가지 자본을 갖추라 247

에필로그 장애는 기회다 251

THE EXODUS
OF
OPPORTUNITY

O

기회가 움직이고 있다
: 미래 생태계를 준비하라

기회는 사라지거나 축소되지 않는다.
단지 이동할 뿐이다.

도대체 쌓인 문제들을 어떻게 해결해나갈 수 있을까.
답은 있겠지만, 아찔하고 혼란스럽다.
한꺼번에 모든 문제를 해결하기에는 한계가 분명해 보인다.
하지만 위기와 함께 기회가 다가오고 있다.
새로운 위기가 만들어내는 새로운 기회가 다가오고 있다.
기회의 대이동이라 부를 수 있는 역사상 유례없는
혁명적인 부와 성공의 기회가 몰려오고 있다.

THE EXODUS
OF
OPPORTUNITY

　미래 생태계는 분명 현재와 다를 것이다. 기회가 이동하고 있다. 이것을 두고 미래가 암울할 것이라고 예단할 필요는 없다. 현재 생태계를 지배하는 부와 성공의 방정식을 넘어선 새로운 부가 창출되고, 그동안 존재하지 않았던 낯선 성공의 기회가 나타난다는 의미다. 새로운 기회를 자신의 것으로 만들기 위해서는 새로운 방정식을 이해해야 한다. 이 장은 바로 그 '새로운 방정식'에 관한 이야기다.

　불확실성이 높아졌다는 말을 자주 하고 듣게 된다. 미래가 급변하며 다가온다고도 한다. 그렇다. 지금 우리 앞에는 폭과 깊이를 가늠할 수 없는 불확실한 미래가 기다리고 있다. 대부분의 경우 '단기적으로 1~3년 후, 중기적으로 5~10년 후, 장기적으로 10~20년 후 세계는 어떻게 변할 것인가, 그 가운데 국가·기업·개인이 겪어야 할 미래 생태계의 변화는 무엇인가, 미래는 어떻게 대비해야 하는가, 미래에는 어떻게 해야 부를 축적할 수 있는가'에 자신 있게 답을 내놓지 못하고 있다. 이런 상황에 대해 폴란드 출신의 사회학자 지그문트 바우만(Zygmunt Bauman)은 이렇게 이야기했다.

> 오늘날 가장 강력한 설득력을 가지고 가장 효과적인 문화 매체들이 전달하는 메시지와 수용자들이 자신의 경험을 배경으로 손쉽게 수용하는 메시지는, 세계가 본질적으로 불확정적이고 유동적이라는 메시지이다. 이 세상에서는 어떤 일도 일어날 수 있고 어떤 일도 이루어질 수 있으며, 일단 결정되면 변하지 않는 것은 아무것도 없다. 이 세상에서 인간의 관계는 일련의 만남의 연속이고, 정체성은 계속 바꿔 쓰는 가면들이며, 전 생애는 덧없이 짧은 기간 동안 기억 속에 존재하는 일련의 단편적 사건들이다. 확실히 알 수 있는 것은 아무것도 없고, 알 수 있는 것이라 해도 아는 방법은 여러 가지이며, 어느 방법이 더 좋다 나쁘다 말할 수도 없고, 모든 방법이 공히 덧없고 믿을 수 없다. 한때 확실성을 추구했던 행위는 도박으로 대체되고, 집요하게 목표를 추구하는 대신 위험을 감수하게 되었다. 이 세상에서 견고하고 의지할 수 있는 것은 아무것도 없다. 자신의 삶의 여정을 엮어 넣을 수 있는 튼튼한 캔버스는 흔적도 없이 사라졌다.[1]

미국이 독점적으로 이끌어왔던 세계 질서의 축이 흔들리면서 세상이 크게 변하고 있다. 사회와 경제 및 국제적 헤게모니에 새로운

---

[1] 지그문트 바우만, 《방황하는 개인들의 사회》, 봄아필, 2013.

변화가 일고 경제도 크게 흔들리고 있다. 지금껏 옳다고 여겨진 성공 전략이나 세계관에 균열이 일어나는 중이다. 좋은 기업, 좋은 직업, 좋은 투자처라 여겼던 것들에 대해 회의가 커지고 있다. 모든 것을 의심하기 시작했다.

환경문제도 들려오는 말 그대로 심각하다. 인간을 향한 자연의 공격이 시작되었다. 산적한 문제가 너무도 많다. 화석에너지 고갈에 따른 에너지 공황 가능성, 대체 에너지의 긴급한 필요성을 이용한 또 다른 금융 거품, 사이보그 및 인공지능 기술의 진보가 가져올 인간 본연의 존재론적 문제, 줄기세포 기술과 기타 생명공학 기술 등이 불러올 윤리적 대립과 갈등, 가상현실 기술의 발달로 인한 다양한 인격과 의식의 출현 등. 말 그대로 첩첩산중이다. 비판의 목소리들에 주목할 필요가 있다. 헬레나 노르베리 호지(Helena Norberg Hodge)는 이렇게 진단한다.

> 갈수록 증가하는 환경문제와 제3세계 부채, 그리고 기아문제는 현재 진행되고 있는 경제개발 모델에 뭔가 잘못된 부분이 있다는 것을 시사하고 있다. 이 문제를 놓고 최근까지 많은 논란이 집중되고 있기는 하지만, 만족할 만한 결과가 얻어졌다고 볼 수 없다. 국제 규모의 기구들에서 소규모 민간단체에 이르기까지 이 문제에 관련된 모든 관계자들 사이에 생태계와 그 지속성 유지를 위한 프로젝트들을 지원하는 정책이 수립되어야 한다는 공감은 있다. 그러나 바로 그 개발의 본질이 포괄적이고 조직적인 과정으로 이해되고 있지 않기 때문에 개발에

의해 파생되는 파괴적 효과들은 대부분 부작용이나 자연스러운 부산물 정도로 여겨지는 경향이 있다. 지속가능한 개발을 주제로 하는 연구 자료들의 대부분에서도 사회와 환경 파괴 현상에 관한 근본 원인이 직접적으로 다루어지지는 않았다.[2]

산업 이동을 통한 노동시장 변화와 실업대란, 신용 붕괴와 극심해지는 빈익빈 부익부 현상, 빈곤과 불평등에 따른 지역 분쟁과 테러의 증가, 종교 간의 대립과 갈등, 문명 혹은 문화 충돌까지 무엇 하나 쉬운 문제가 없다. 국제통화기금(IMF)도 이런 문제를 해결하는 데 집중하기 시작했다. 사실 IMF는 균형 재정과 낮은 인플레이션, 성장률을 중시해온 대표적 국제기구다. 그런데 최근 들어 소득 불평등 문제와 관련한 발언을 쏟아내고 있다.[3] 그만큼 문제가 심각하다는 뜻이다. 지금 이 순간에도 엄청난 속도로 비정규직이 늘어가고 있다.

조직 행동과 기업 경영의 세계적 전문가인 찰스 핸디(Charles Handy)가 예견했듯이 오늘날 고용 구조는 정규직인 전문직 근로자, 특정 제품을 제작하는 계약직, 그리고 필요에 따라 고용되는 임시직으로 구성되는 삼엽 조직(shamrock organization)으로 변모했다. 오늘날 《포천(Fortune)》지가 선정한 100대 기업의 근로자 중 임시직 비율이 약

---

[2] 헬레나 노르베리 호지, 《오래된 미래》, 중앙북스, 2007.
[3] 〈조선비즈〉, 'IMF의 변신? 리가르드 총재, 소득불평등도 엄연한 과제', 2014. 4. 23.

20~30%이지만, 2020년이 되면 50%를 넘을 것이다. 대부분 기업은 소수의 정규직과 그보다 많은 계약직, 절대다수를 차지하는 임시직으로 구성될 것이다. 이러한 변화가 시작되고 있다는 증거는 이미 존재한다. 미국 노동통계국(Bureau of Labor Statistics)에 따르면, 2010년 이후 323만 명이 정규직 일자리를 잃고 고용보험 대상에서 제외되었다.

도대체 이 쌓인 문제들을 어떻게 해결해나갈 수 있을까. 답은 있겠지만, 아찔하고 혼란스럽다. 한꺼번에 모든 문제를 해결하기에는 한계가 분명해 보인다. 하지만 위기와 함께 기회가 다가오고 있다. 새로운 위기가 만들어내는 새로운 기회가 다가오고 있다. 기회의 대이동이라 부를 수 있는 역사상 유례없는 혁명적인 부와 성공의 기회가 몰려오고 있다. 이전 세대와 비교할 수 없는 거대한 기회가 다가오고 있다. 지난 50년의 경제발전보다 훨씬 혁명적인 기회의 대이동이 이미 시작되었다. 이동의 첫 순간이었던 지난 10년은 불확실성의 안개에 싸여 있어 새 기회가 쉽게 보이지 않았다. (이런 상황은 2020년 전까지는 지속할 것이다.) 그래서 존재하지 않는 듯 아무나 잡을 수 없는 것처럼 느껴졌다. 그러나 분명 기회는 있다. 확실한 길라잡이만 찾으면 바로 당신이 그 엄청난 기회의 주인공이 될 수 있다.

"끊임없이 계속되는, 사람을 짓누르는 불확실성이라는 여건 아래 살면 의기소침해진다. 무한한 가능성 앞에서 몸이 떨리고 선택해야 할 때 주저하게 된다. 오늘 적합해 보이는 이유가 내일 뼈아픈 대가를 치러야 하는 실수가 될지도 모른다. 미래가 어떻게 될지 알 수 없고 미래를 자기가 원하는 대로 만들려면 어떻게 해야 하는지는 더더욱 불분명하다. 불확실성, 머뭇거림, 통제력 결여, 이 모두 불안감을 초래한다. 이러한 불안감은 새로운 개인의 자유, 새로운 개인의 책임을 얻은 대신 치러야 하는 대가이다.[4]

불확실성은 위기를 만드는 요인들이 복잡해지고 다양해져서만이 증가하는 것이 아니다. 변화가 복잡하기에 미래에 대한 전망이나 기회를 붙잡는 일이 불투명해지는 것은 사실이지만, 관심을 집중하면 이동하는 미래의 기회를 통찰할 수 있다. 변화의 방향과 속도를 가늠할 수 있다. 문제는 눈과 손이다. 볼 수 있는 눈, 잡을 수 있는 손이 준비되어 있느냐가 핵심이다. 기회를 잡으려면 통찰과 전략, 두 단어를 기억하라. 통찰은 눈이고, 전략은 손이다.

기회 이동 중 위기는 계속된다

2008년 금융위기의 공포는 끝나지 않았다. 지난 위기는 앞으로도 5년 정도 여진을 만들어낼 것이다. 우리나라는 짧게는 3년, 길게는 5년가량 저성장의 길을 걸을 것이다. 앞으로 5년, 회복 국면에서 나타나는 위기가 기다리고 있다. 미국의 출구전략과 금리 인상 때문에 흔들림이 클 것이다. 지난 10년은 미국과 유럽이 금융위기의 진

---

[4] 지그문트 바우만, 《방황하는 개인들의 사회》, 봄아필, 2013.

원지였다면, 앞으로 10년은 한국·일본·중국이 글로벌 금융위기 발발의 진원지가 될 것이다. 한국 경제를 견인해온 두 마리 튼튼한 말이라 여겼던 전자산업(삼성전자)과 자동차산업(현대기아자동차)도 성장 속도가 느려졌고 상시적인 위기를 맞고 있다.

하지만 위기는 기회다. 인류 역사상 가장 커다란 부의 대이동과 성공의 기회가 오고 있다. 2020년 이후에는 지금의 자동차산업 규모를 능가하는 바이오생명산업 시대가 열린다. 전 세계 GDP의 85%를 담당하는 20여 개 국가는 15년 이내에 모두 고령사회로 진입한다. 고령사회에서 우선하여 소비하는 제품과 서비스는 건강하게 오래 살게 해주는 것들이다.

전문가들은 2030년이 되면 1인 1가구 로봇 시대가 될 것으로 예측한다. 인간을 닮은 휴머노이드, 입는 로봇, 사이보그 장비, 애완용 로봇, 가사 도우미 로봇 디바이스 등이 가정에서 다양한 역할을 보조할 것이다. 아예 '스마트홈'이라고 불리는 집 자체가 이것저것 알아서 챙겨주는 시대가 다가오고 있다. 스마트홈이 고도화되면 사용자의 생활 습관이나 패턴 등을 알아서 분석해 개인에 특화된 서비스를 제공할 것이다.[5]

---

5 〈한겨레〉, '내 스타일에 맞춰 반응하는 스마트홈', 2014. 4. 22.

미래의 부가 시작되는 지식, 시간, 공간, 영성을 선점하라

미래 생태계 변화는 부가 시작되는 지식, 시간, 공간, 영성 모두의 변화를 포함한다. 새로운 생태계에 적응하려면 이런 변화들을 미리 포착해서 활용해야 한다. 부의 이동을 좇는 첫 출발은 미래 지식을 선점하는 데서 시작한다. 하지만 모든 지식이 부의 이동을 알려주지는 않는다. 모든 지식이 변화의 방향과 속도 등을 알려주는 것은 아니다. 거대한 변화의 시기에는 기존 지식이 무용지물이 되면서 판단을 흐리게 한다. 지금까지 부를 창출했던 지식이었는데 돌연 부를 잃게 하는 지식으로 변한다. 따라서 미래사회의 부의 이동을 추적하고 선점하려면 지식에 냉정해져야 한다. 새롭게 부를 창출하는 지식과 부를 잃게 하는 지식을 구분해야 한다. 앨빈 토플러는 이를 유용지식과 무용지식으로 구별했다.

지금 우리가 소중히 여기는 지식 중에는 미래에도 유용한 지식이 있는가 하면 이미 쓸모없게 된 지식도 있다. 기회의 대이동 때문에 쓸모가 없어진 지식이라면 신속하게 업데이트해야 한다. 정보와 지식의 격차가 부의 차이를 만들기 때문이다. 부의 격차를 따라잡거나, 새로운 부를 선점하기 위해서는 정보와 지식의 비대칭을 해결하는 것이 우선이다.

지식의 비대칭을 극복하는 것만큼 중요한 것은 시간이다. 부는 '지식×시간'이다. 시간은 부를 창조하는 보이지 않는 레버리지 포인트다. 부를 관리하는 핵심이다. 시간을 소중히 여기지 않는 사람

연수익\년	1	2	3	4	5	6	7	8	9	10	15	20	30
1%	1.01	1.02	1.03	1.04	1.05	1.06	1.07	1.08	1.09	1.10	1.16	1.22	1.35
2%	1.02	1.04	1.06	1.08	1.10	1.13	1.15	1.17	1.20	1.22	1.35	1.49	1.81
3%	1.03	1.06	1.09	1.13	1.16	1.19	1.23	1.27	1.30	1.34	1.56	1.81	2.43
4%	1.04	1.08	1.12	1.17	1.22	1.27	1.32	1.37	1.42	1.48	1.80	2.19	3.24
5%	1.05	1.10	1.16	1.22	1.28	1.34	1.41	1.48	1.55	1.63	2.08	2.65	4.32
6%	1.06	1.12	1.19	1.26	1.34	1.42	1.50	1.59	1.69	1.79	2.40	3.21	5.74
7%	1.07	1.14	1.23	1.31	1.40	1.50	1.61	1.72	1.84	1.97	2.76	3.87	7.61
8%	1.08	1.17	1.26	1.36	1.47	1.59	1.71	1.85	2.00	2.16	3.17	4.66	10.06
9%	1.09	1.19	1.30	1.41	1.54	1.68	1.83	1.99	2.17	2.37	3.64	5.60	13.27
10%	1.10	1.21	1.33	1.46	1.61	1.77	1.95	2.14	2.36	2.59	4.18	6.73	17.45
15%	1.15	1.32	1.52	1.75	2.01	2.31	2.66	3.06	3.52	4.05	8.14	16.37	66.21
20%	1.20	1.44	1.73	2.07	2.49	2.99	3.58	4.30	5.16	6.19	15.41	38.34	237.38
25%	1.25	1.56	1.95	2.44	3.05	3.81	4.77	5.96	7.45	9.31	28.42	86.74	807.79
30%	1.30	1.69	2.20	2.86	3.71	4.83	6.27	8.16	10.60	13.79	51.19	190.05	2,620.00

복리투자표

원금을 1이라 했을 때, 다양한 연수익에 따른 연도별 잔고를 계산한 '복리원리합계표'다. 예를 들어, 연 15%의 수익으로 10년이 지나면 원금의 4.05배가 되는 걸 확인할 수 있다.

은 결코 부자가 될 수 없다. 위기관리와 대응의 핵심도 시간이다. 결정적인 시간을 어떻게 관리하느냐에 따라 사람과 조직을 살릴 수도 있고 죽음과 위기에 빠뜨릴 수도 있다. 투자에서도 시간은 부의 에너지다. 복리투자표는 시간이 부의 크기에 얼마나 큰 역할을 하는지를 잘 보여준다.

미래사회는 정보와 시간의 사회다. 정보와 시간이 부를 창출하는 사회다. 지금보다 극명하게, 돈을 벌게 해주는 시간과 돈을 잃게 하는 시간이 구별될 것이다. 시간은 모든 인간에게 24시간씩 주어진다. 하지만 어떤 사람은 그 시간으로 자신과 타인, 세계를 죽이고, 어떤 사람은 그 시간으로 자신과 타인 그리고 인류를 구한다. 에마뉘엘 레비나스(Emmanuel Levinas)가 말했듯 어떤 이는 자신의 존재론적 의미를 자신의 삶에서 찾지 않고, 주어진 시간 안에서 타인과 그의 미래에서 찾는다.

> 유한한 존재자의 존재 양태로서의 시간은 결국 존재자의 존재를 각 순간으로 분산하는 결과를 가져올 수밖에 없다. 순간은 다른 순간을 배제하고, 더구나 불안정하거나 또는 자신에게 불충실한 것으로서 다른 순간들을 과거로, 즉 그것의 진정한 현존 밖으로 하나씩 밀어내버린다. 그렇지만 동시에 의미와 무의미, 삶과 죽음을 암시하는 그러한 현존에 대한 번쩍이는 이념을 제공해주기도 한다.[6]

어떤 사람은 시간을 잘못 사용해서 평생의 부를 잃어버리고, 어떤 사람은 시간을 잘 활용해서 엄청난 부를 쌓는다. 기회의 대이동 시대에는 타인이 내 시간을 주도해서는 안 된다. 많은 이들이 불필요한 것들에 시간을 빼앗기고, 무의미하게 시간이 소모되도록 내버려둔다. 모빌리티 환경이 만들어지면서 모바일 기기에 덧없이 시간을 빼앗기는 경우도 늘어나고 있다.[7] 시간이 미래의 부의 원천과 무기가 되게

---

6 엠마누엘 레비나스, 《시간과 타자》, 문예출판사, 2004.
7 〈디지털데일리〉, '직장인, 모바일기기 하루 4~5시간 사용. 공적이용 비중 33%', 2014. 4. 16.

하려면 '자신의 시간'을 '자신이 주도하는 시간'으로 만드는 것이 우선이다. 자신이 시간을 주도해야 기회의 대이동을 준비할 수 있다.

기회의 대이동 시기에는 모든 공간이 부를 만들지 않는다. 허브가 되는 공간만이 부를 창출한다. 허브란 사람의 이동, 교육, 비즈니스, 문화, 금융, 서비스 등이 통합적으로 제공되어 사람들이 많이 모이는 공간이다. 허브가 되는 공간을 주목하고 선점하라. 허브가 되는 공간이 어디로 이동하는지를 관찰하라. 이런 공간에 속한 도시는 점점 더 강력한 힘을 발휘할 것이다. 이런 공간에 속한 사람은 점점 더 강력한 영향력을 얻게 될 것이다. 앞으로 각국, 각 도시는 허브가 되기 위한 필사의 전쟁을 벌일 것이다. 미래는 국가보다 도시, 도시보다 공간이 더 중요해진다. 국가와 도시가 서로 전쟁을 벌일 것이다. 정부와 도시가 경쟁할 것이다. 가난한 국가의 대통령보다 부자 도시의 시장이 더 힘을 갖게 될 것이다. 가난한 도시의 시장보다 부유한 구의 구청장이 더 큰 영향력이 있게 될 것이다. 가상 공간에도 이런 허브 공간이 존재한다. 미래의 부를 잡기 위해서는 국가가 되었든, 기업이 되었든, 개인이 되었든 상관없이 공간적으로는 가상과 현실 세계의 허브 공간을 선점해야 한다.

사람은 영적인 존재다. 영성은 지식의 수납창구인 사고에 영향을 주는 방식으로 부의 이동과 창출에 관여한다. 부의 창출과 성장과 지속가능성에 영성의 차이가 영향을 미친다. 특히 부의 지속가능성과 재창조에 영성은 '가치'라는 가면을 쓰고 관여한다. 각기 다른 영성 수준에서 나오는 각기 다른 가치의 수준이 부의 창출과 지속가능성에 영향을 미친다.

부는 겉으로는 유형의 물질이 만드는 것처럼 보이지만, 실제로는 지식, 시간, 가치 같은 무형의 것들이 만든다. 이것을 파악하기 전까지는 사람을 살리는 부, 더 나은 인류의 미래를 만드는 부를 소유할 수 없다. 미래는 물질사회를 초월하여 가치와 영성 사회로 발전할 것이다. 물질적 필요는 기술이 대부분 채워주고 인간은 가치와 영성을 소비하는 사회로 발전할 것이다. 물질의 소유 규모가 계급 구별을 나누지 않고, 가치와 영성이 계급과 수준을 나누는 사회로 발전할 것이다. 어떤 물질을 사용하여 만들었는지가 아니라, 가치와 영성의 수준이 제품과 서비스의 가격을 결정할 것이다.

부가가치의 원천인 이야기(story)를 보라. 가치를 창출하는 이야기는 그 진정한 의미와 영성에서 나온다. 이야기의 가치는 그 안에 담긴 창조자의 영성과 의미에 있다. 우리는 이미 제품과 서비스를 판매하는 사람의 가치에 가치를 부여하기 시작했다. 스티브 잡스의 제품과 서비스를 산다는 것은 그의 가치와 영성을 공유한다는 표시다. 부정한 사람이 파는 제품을 거부한다는 것은 그 사람의 비도덕적인 가치와 영성을 거부한다는 선언이자 행동이다.

영성은 종교적 영역만을 의미하지 않는다. 인간의 감성과 사고 등을 모두 포함한다. 영성이 부를 창출하는 핵심요인임을 발견한 것은 최근이지만 이것은 새로운 깨달음이 아니다. 인류는 태고부터 영성과 함께 역사를 만들어왔다. 전통적으로 영성은 종교적 범주에 드는 것이었다. 하지만 미래사회에서는 다르다. 영성이 부를 지속가능하게 하는 핵심 능력 중 하나로 자리매김할 것이다. 리딩 기업들은 '영성 경영'을 염두에 두고 있다.

현재의 직장이 당신을 위협한다면
미래 생태계가 변한다는 미래 징후다

'기회의 대이동'을 강의할 때면 종종 코앞에 다가온 공포에 관해 이야기하곤 한다. 개인이든 기업이든 현실 세계의 안정성이 급락하고 있음에도 이 같은 사실을 제대로 인식하지 못하는 경향이 있다. 생존을 위협하고 있는 비즈니스 환경이 정글의 사자처럼 등 뒤까지 접근했는데도 눈앞에 있는 토끼 사냥에만 정신이 팔려 있다.

우리나라의 기존 산업구조는 성숙기에 들어서 지금보다 더 많은 고용을 창출하기 힘든 상태다. 하나의 일자리를 2~3개로 쪼개서 나누어야 할 형편이다. 마지막 남은 종신고용 일자리인 공무원이나 30대 그룹의 일자리도 안심할 수 없다. 청년 일자리보다는 은퇴자들에게 나누어 줄 일자리에 더 관심을 써야 할 상황이 코앞에 다가왔다.

당분간은 내수 경제와 기존 산업의 폭발적 성장도 기대하기 힘든 상태다. 기계화·정보화 등으로 경제가 성장한다고 하더라도 곧바로 일자리 증가로 이어지지 않는다. 미래는 어떻게 될까? 최소 10년 정도 한국은 이런 상황이 획기적으로 개선되기 힘들 듯하다. 청년층에서 시작된 일자리와 미래 불안은 은퇴자와 노년층으로 급격히 확산하고 있고, 머지않아 40~50대의 장년층까지 번질 기세다. 현재의 직장과 일자리가 점점 위험에 빠지고 있다. 그 자리에 마냥 머물러 있다가는 당신의 미래가 위협받게 된다. 믿었던 직장과 일자리가 당신을 배신하는 일이 벌어진다. 필자의 예측으로는 20년 이내에 현재 직업 중 80%가 소외될 것이다. 소외된다는 말은 일부 직업은 사라지고, 대다수 직업은 새로운 산업, 기계화, 정보화 등에 의해 임금 수준이 급격히 하락한다는 의미다. 더불어 앞으로 10~20년은 기존 산업도 중국과 후발주자들에게 쫓기고 신성장 동력으로 기대되는 미래 산업은 선진국들과 치열한 경쟁을 해야 한다. 이 과정에서 30대 그룹 가운데 절반은 미래 경쟁에서 탈락할 수도 있다. 이런 변화는 1차 2차 협력업체들에도 직격탄이 될 것이다. 지금보다 더 치열해지는 글로벌 비즈니스 전쟁에서 살아남기 위해서는 전통적인 관료 체계적 조직구조나 업무 스타일에서 벗어나야 한다. 미래 기업의 생존과 부의 조건인 '(정보와 지식을 기반으로 한) 혁신'과 '속도(시간)'를 얻기 위해서는 기존의 조직구조로는 한계가 있다.

  한두 번의 혁신적인 성공이 미래를 담보하지 못한다는 것도 문제다. 미래사회에서는 지금보다 더 빠른 속도로 시간과 공간이 압축되기 때문에 조직의 생존 기간도 더욱 빠르게 단축된다. 당신을 평생 고용하고 싶어도 회사의 수명이 빠르게 단축되기 때문에 그렇게 할 수가 없다. 산업주의 시대에는 기업의 평균수명이 30년이었다. 100년을 넘는 기업도 있었다. 정보화 시대에 들어서는 기업의 평균수명이 15~20년으로 줄었다. 미래에는 어떻게 될까? 더욱더 줄 것이다. 미래 생태계가 크게 변하는 시기에는 현재의 직장이 당신을 위협하는 상상할 수 없는 일이 벌어진다. 지금의 일자리 문제, 직업의 문제는 열심히 일하느냐 아니냐와 상관이 없다. 미래가 크게 변하는 과정에서 필연적으로 발생하는 미래 징후(Futures Signals)다. 지금이라도 일자리 변화를 준비하라. 그러지 않으면 현재의 직장과 직업이 당신을 위기로 몰고 갈 것이다.

지식의 속도가 당신을 집어삼키는 것도 미래 징후다

지식이 폭발하는 시대에 살고 있다. 2012년에는 정보량이 2009년 기준의 5배로 늘어났다. 앞으로 10년간 최대 50배 이상 커질 것으로 예상한다. 스마트폰의 등장으로 사람들이 만들어내고 있는 정보의 양이 2010년 이후 급격히 늘어나고 있다.[8] 이렇게 늘어나는 정보의 양은 2020년이면 44조GB에 달할 것으로 예상한다. 이것은 2013년 한 해 생성된 4.4조GB의 10배에 해당하는 수치이자, 128GB 용량의 태블릿으로 저장해 쌓아 올리면 지구와 달 사이 거리(253,704km)의 6.6배에 달하는 양이다.[9]

지식의 총량이 엄청난 속도로 늘어나는 것과는 반대로 개별 지식

---

[8] 〈디지털타임스〉, '10년 내 IT 정보량 50배 이상 는다', 2013. 6. 17.
[9] 〈IT 데일리〉, '디지털 데이터, 2020년이면 44조 기가바이트에 달할 것', 2014. 4. 10.

의 유효수명은 줄어들고 있다. 특히 실용지식의 수명은 빠르게 단축되고 있다. 현재 실용지식의 수명은 3년밖에 되지 않는다. 예를 들면 대학에서 전자공학을 전공하는 1학년 학생이 4학년이 되었을 때 1학년 때 배운 것의 대부분은 낡은 지식이 되어버린다. 1학년 때 배운 지식이 틀렸다는 게 아니다. 제품과 서비스 변화가 빨라서 해당 기업들이 1학년 때 배운 지식을 더 이상 사용하지 않는다는 말이다. 그래서 현장 근로자들은 2~3년 단위로 새로운 기술 지식을 배우지 않으면 안 된다.

의료계, 법조계도 마찬가지다. 전례, 판례 찾기 등 반복적인 것들은 기계화·자동화되어 버릴 것이다. 지식과 기술의 변화 속도가 철옹성 같던 전문직이나 고급 영역에도 변화를 강요한다. 10년 후 현재 지식 근로자들이 가지고 있는 지식의 대부분은 인공지능 컴퓨터가 해결해줄 것이다. 지식과 기술 발전의 속도가 엄청나다. 당신의 상상을 넘어서는 속도를 보이고 있다. 대비하지 않으면 당신을 집어삼킬 기세다.

앞으로 20년 동안에는 연산 컴퓨터, 인공지능 컴퓨터, 로봇 등의 기술이 획기적으로 발전하면서 인간의 근력과 두뇌를 자동화하는 시기가 될 것이다. 우리는 이미 산업시대부터 인간의 근력을 자동화하면서 경제를 발전시켜왔다. 지금도 공장에 가면 수많은 기계적 로봇들에 휩싸여 있다. 그런 기계들이 하나씩 들어올 때마다 인간의 근력이 기계적 로봇으로 대체되었다.

미국 최대의 미래전략연구소인 랜드코퍼레이션(RAND corp.)도 미래 일자리를 변화시키는 결정적인 두 가지 요인으로 빠르게 발달하는 과학기술과 단일화되는 세계를 꼽았다. 빠르게 발달하는 첨단과학기술로 새로운 필요 산업이 생겨나고 새로운 노동력의 수요가 급증하게 될 것으로 예측했다. 동시에 첨단과학기술(IT, BT, NT, 인공지능, 로봇 등)로 대체되는 노동력도 많아질 것으로 예측했다. 음성인식 기술 및 동시통역 기계의 개발로 일정 수준 이하의 동시통역사나 다양한 노동 집중 서비스 업종이 컴퓨터나 기계에게 일자리를 빼앗기게 될 것이다. 단순 근력 업무나 단순 지식 업무는 인공지능과 움직이는 로봇으로 대체될 것이다.

이런 상황에서 일자리를 잃는다면 어떻게 될까? 변화를 준비하지 못한 사람은 구직 기간이 늘어나고 연봉이 하락할 것이다. 1980년대 미국의 노동자들은 실직 후 취업까지 평균 5주가 걸렸다. 1990년대 초반에는 8주가 걸렸고 5~15%의 임금 삭감을 감수해야 했다. 이 속도가 점점 더 빨라지고 있다. 호주는 1985~2001년 창출된 일자리 250만 개 중 90%가 비정규직 임시직이었다. 우리나라도 별반 다르지 않다. 취업 포털 커리어가 2009년 5월 26일 발표한 자료에 의하면, 응답자의 31.5%가 2009년 상반기에 이직을 경험했으며 이들 4명 중 1명은 이직하면서 연봉이 낮아졌다. 미래 변화는 생각보다 일찍 당신 곁에서 시작되었다.

기술이 당신의 월급을 집어삼키는 것도 미래 징후다

하루가 다르게 획기적인 기술이 등장하고 있다. 지난 기술은 무료이거나 아주 저렴한 가격에 사용할 수 있게 되었다. 컴퓨터 성능은 최초의 컴퓨터보다 수십만 배 이상 좋아졌지만, 가격은 수십만 분의 1로 저렴해졌다. 예전에는 대기업이나 가질 수 있었던 기술을 일반인도 쉽고 저렴한 가격에 사용할 수 있게 되었다.

전문가들에 의하면, 지금 우리는 기술 발달이 기하급수적으로 증가하는 '곡선의 무릎(Tipping point)'에 진입했다. 지난 100년간 기술의 발달은 인류 역사 전체의 기술 발달을 뛰어넘는 수준으로 진보했다. 그런데 미래사회의 기술 진보의 속도는 지난 100년의 기술발달의 속도를 뛰어넘을 것이다. 지난 100년 동안 이루었던 모든 것을 20년 만에 이룰 수 있고, 그만큼의 발전을 다시 14년 만에, 그다음에는 7년 만에 해낼 수 있다. 정신을 차릴 수 없을 만큼 엄청난 속도다. 2041년이 되면 우리가 생활로 체감하는 심리적 나이는 자신의 생물학적 나이에 300살을 추가해야 한다. 우리는 조상들이 5세대를 산 것과 같은 기적을 체험하게 된다. 단지 33년 후의 일이다.

이 같은 기술 발달이 나에게 어떤 영향을 주고 있을까? 예전에는 수백 명이 수십 년 동안 해야 할 일들이 단 몇 시간 만에 가능해졌다. 이것은 어떤 일을 할 때, 많은 사람이 필요 없다는 의미다. 노동 시장에서 설 자리가 좁아지고 있다. 변화하지 않으면 직장을 잃거나 지금보다 적은 월급을 받고 노동력을 제공해야 하는 시대가 시작되었다.

미래 생태계를 이해하려면, 후기정보화 사회의 변화를 통찰하라

지난 50년의 정보화 사회는 초대형 변화의 서곡에 불과하다. 인류는 앞으로 인간 두뇌의 자동화를 지향하는 후기정보화 사회를 시작으로, 초대형 변화가 완성될 것으로 예측되는 환상 사회를 거쳐, 심각한 생명 윤리적 갈등과 사람을 닮은 로봇과 로봇을 닮은 사람 간에 나타날 영적 존재론적 갈등이 최고의 사회 이슈로 대두할 영성 사회를 차례로 맞이할 것이다. 후기정보화 사회는 인간 두뇌의 자동화와 정보화를 통한 지능기반 사회 구축을 목표로 하고 있다.

후기정보화 사회에서는 전기정보화 사회의 기술들이 더욱 크게 진보하여 인공지능 컴퓨터, 인공지능 로봇, 인간적 로봇 등이 출현해 인간과 로봇의 결합시대가 될 것으로 예측한다. 빠르게 진보하고 있는 인공지능기술은 정보화를 뛰어넘어 '자동적' 지식 창출, 관리, 거래를 가능하게 할 것이다.

빠른 속도로 인간의 능력을 기계와 인공지능 컴퓨터로 대체시키기 때문에 인간에게 요구되는 차별적인 능력은 '감성(따뜻함)'에 집중될 것이다. 인간 감성을 개발하고 디자인하고 경영하는 능력인 '감성디자인 능력'이 새로운 부(성공)의 조건으로 부각될 것이다.

후기정보화 시대에는 '인텔리전트 3D 가상공간'이 완성될 것이다. 이는 인류 역사상 수천 년에 한 번 올까 말까 한 공간적 대변혁이다. 이 변혁이 완성되면 비즈니스 환경에서 대혁명이 일어날 것이다. 가상이 현실을 지배하고, 지식이 상품을 지배하는 시대가 완성될 것이다.

두 번째 미래 패러다임은 '환상 사회(Fantastic Society)'다. 2030~2040년경이 되면 사회, 경제, 기술, 학문, 종교 등 대부분의 영역이 아시아를 중심으로 재편되는 '팍스 아시아나(Pax Asiana)' 시대가 시작될 것이다. 투자 귀재 짐 로저스(Jim Rogers)는 지난 2010년 다음과 같이 이야기했다. 그로부터 벌써 5년이란 시간이 흘렀다.

큰 그림으로 보면 서구경제가 몰락하고 세계경제 패권이 아시아로 빠르게 넘어갈 것으로 본다. 팍스 아시아나 시대가 멀지 않았다고 전망한다. 앞으로 모든 투자 기회가 아시아 쪽에 집중될 것이기 때문에 아시아의 변화에 주목하라고 외친다.[10]

더불어 인류의 역사를 바꿀 만한 환상적 기술들이 IT, BT(바이오 기술), NT(나노 기술) 등에서 혁명적으로 일어날 것이다. '안정과 환상적 기술'의 현상들이 겹쳐서 일어나는 시점이기에 필자는 이 시기를 '환상 사회(Fantastic Society)'라고 명명했다.

이 시기에는 네트워킹 컴퓨터, 네트워킹 로봇을 통해 인간 의식과 감성이 기계와 네트워킹되고 가상현실, NT, BT, ST(우주공학기술) 등의 1차 기술혁명이 완성되어 인류 역사상 가장 환상적인 삶의 환경, 꿈같은 생활환경이 마련되는 시대로 진입하게 될 것이다. 인간

---

[10] 매일경제 세계지식포럼 사무국, 《세계지식포럼리포트 슈퍼모멘텀 2010》, 매일경제신문사, 2010.

생명은 100세를 넘어 120세 이상으로 연장되고, 다양한 의학적·과학적 기술을 통해 인간을 괴롭혔던 질병이 정복되고, 양자역학 기술의 발달로 인간이 물질세계를 완벽하게 지배하는 사회가 시작되고, 화석에너지로부터 해방되어 새로운 녹색 에너지의 시대가 완성되고, 다양한 나노 기술과 바이오 기술의 혜택을 통해 기본적인 가난과 굶주림의 문제들을 해결하는 길이 열리고, 자연과 우주와 인간이 연결되는 놀랍고 환상적인 사회가 될 것이다.

환상 사회에서는 이처럼 물질적인 기본 욕구들이 상당히 채워질 수 있는 기틀이 마련되기 때문에 개인은 '꿈과 가치를 갈망하는 시대'로 진입하게 된다. 더불어 집단은 개인적인 꿈과 가치가 모일 수 있는 새로운 시간과 공간에서 개인화, 임시화, 조립화 속성을 강하게 드러내는 '컬트적 네트워크 시대'로 진입한다. 또한 사회 전체는 '비물질사회와 물질사회가 심하게 경쟁하며 갈등하는 시대'로 들어간다. 즉 기술적·경제적으로는 환상적인 사회이지만 영적·심리적으로는 심한 갈등이 시작되는 시대가 되는 셈이다.

이런 과도한 변화는 겉으로는 환상적인 사회의 모습을 보이지만, 정신적·영적으로는 안정적이지 못하게 된다. 초대형 변화들은 새로운 필요와 충돌을 요구하며 인간에게 극심한 스트레스를 준다. 새로운 환경, 새로운 직업, 새로운 동료, 새로운 가족, 새로운 능력의 요구가 빈번해지므로 사람들은 새로운 정신적 구심점을 찾으려는 욕구를 강하게 느끼게 될 것이다. 결국 환상 사회는 영적·존재적 욕구기반 사회를 필연적으로 요구하게 될 것이다. 즉 존재의(영적인 면에서) 질적 최적화를 목표로 하는 새로운 패러다임이 등장할 것이다. 이것이 바로 미래사회에 나타날 세 번째 중요한 패러다임이다.

환상 사회와 함께 영성 사회(Spiritual Society)를 맞이할 것이다. 영성 사회에서는 기본적 의식주 문제를 걱정할 필요가 없고, 발전된 과학기술을 통해 목표와 꿈을 이룰 수 있는 기반이 제공되는 환경에 있게 된다. 결국 인간은 무언가 특정한 대상에 영적인 몰입을 하는 단계로 진입하게 되는데, 그것은 종교가 될 수도 있고, 물질적인 것일 수도 있고, 신비적인 현상일 수도 있고, 거짓된 사이비 이단일 수도 있다.

영성 사회의 핵심 변화로는 고도의 기계화와 인간의 물질세계 지배력에 따른 영적 불안감과 인간 존재에 대한 근본적인 성찰 욕구가 증대된다는 것 이외에도, 지금까지 설명한 다양한 미래 패러다임이 한 시대에 동시에 공존함으로써 나타나는 혼란과 갈등, 인간과 의식기계와의 본격적 갈등과 분쟁, 가상의식을 비롯한 다양한 의식의 혼존에 따른 계층 간 의식 갈등, 생명윤리를 둘러싼 갈등, 인공지능으로 통제되는 사회에 대한 불만족 등의 증폭 현상이 예측된다.

이런 사회에서는 영적·정신적 문제를 치유하고자 하는 욕구가 높아 영적 존재가치를 디자인하는 능력이나 심리과학이 중요한 역할을 할 것이다. 사회 권력이나 영향력을 좌우하는 힘들도 영성 권력으로 이동될 것이다. 교육 현장에서도 지식과 정보의 수준과 양이 극대화됨으로써 단순한 정보 전달이나 창의적 정보 생산보다는 영적·존재적 가치를 전달하거나 논의하는 수준의 정보 이동이 빈번하게 일어날 것이다.

미래 생태계 변화는 아시아가 주도한다

　세계 금융위기를 시점으로 세계의 축이 아시아로 움직이고 있다. 아시아를 중심으로 하는 미래사회를 이해해야 세계 경제와 비즈니스 환경의 변화 방향과 속도를 이해할 수 있다. 부의 변화, 기회의 대이동을 이해할 수 있다. 앞으로 10~20년 동안 세계정세의 변화를 이끄는 핵심축은 아시아가 될 것이다. 2016년 이후 5~10년 이내에 아시아발 금융위기라는 늪을 통과해야 한다는 조건이 있기는 하지만, 결국 아시아인이 최대의 수혜를 얻게 될 것이다. 현재와 미래의 부 창출 시스템의 혜택을 가장 많이 보는 지역이 아시아다.

　장기적으로 한국과 중국, 일본 등을 비롯한 아시아의 눈부신 발전과 세계의 중심 이동은 단순한 유행이거나 일시적 현상이 아니다. 한두 번의 금융위기가 발생하더라도 막을 수 없는 대세다. 중국이 미국을 추월하느냐 그러지 못하느냐는 상관없다. 미국이 앞으로 5~7년 정도 회복의 시기를 지나 2020년 이후 10년 정도 G1의 위엄을 회복하더라도 아시아의 부상을 막기는 어렵다. 미국과 유럽의 선전은 아시아의 시대를 조금 늦출 뿐이다. 고령화되고 있는 미국과 유럽이 세계의 중심축이 되는 시기는 최대 20년 안팎일 것으로 예측된다. 반면 아시아는 계속해서 인구가 증가할 것이다. 2020~2030년경이면 한국, 일본, 중국의 인구는 증가세를 멈출 수 있지만 다른 아시아 지역의 인구 증가가 아시아를 세계 중심으로 끌어올릴 수 있다. 한국, 일본, 중국은 성숙한 기술과 경제력으로 이들의 성장을 지원할 것이다.

　기술력의 발전이 경이로운 속도로 진행되는 세계의 변화를 가속화하고 있다. 약 6,000년 전, 가장 빠른 교통수단은 시속 12km의 낙타였다. 기원전 1,600년이 되어서야 시속 16km 정도의 이륜마차가 개발되었고, 1825년에 개발된 증기기관차는 시속 20km 정도였다. 1880년에 이르러서야 시속 100km가 넘는 증기기관차가 운행되었다. 이 기록을 달성하는 데 수천 년이 걸렸다. 그런데 이런 속도의 한계를 6배 이상으로 높이는 데는 불과 58년밖에 걸리지 않았다. 1938년 인간은 비행기를 타고 시속 600km를 돌파했다. 그리고 이 속도를 다시 10배로 늘리는 데 20년밖에 걸리지 않았다. 1960년대에 시속 6,000km 이상으로 로켓 비행기들이 날아다니기 시작했고, 인류의 최초 유인 우주선이 지구를 시속 2만 8,800km로 돌게 되었다. 그리고 지금 인터넷 시대에는 빛의 속도를 능가하는 생각의 속도가 지구를 활보하고 있다.

　지식 축적에서 획기적인 약진은 15세기 구텐베르크에 의해 활자가 발명된 후부터다. 15세기 이전에 유럽에서는 1년에 불과 1,000여 종 내외의 서적만이 출판되었다. 1950년경 지식 축적의 속도가 가속되면서 유럽에서는 연간 12만 권의 책이 출판되었다. 4세기 만에 120배가 증가한 것이다. 지금은 평범한 개인들도 자기 책을 단 몇 만 원의 비용과 몇 시간의 시간투자로 출판할 수 있는 시대가 되었다.[11]

---

11 〈주간경향〉, '1인 전자출판 시대, 기대 반 우려 반', 2014. 4. 29.

콘텐츠의 소비 경로가 모바일과 인터넷으로 변화하며 전자책 출판의 기회까지 열리면서 출판 장벽이 점점 낮아지고 있다.[12] 더 나아가 셀프 퍼블리싱(Self Publishing, 1인 출판)을 통해 직접 출판사를 운영할 수도 있다.[13]

속도와 지식 축적의 가속화는 세계를 빠르게 하나로 묶고, 아시아로 향하는 축의 이동을 부추기고 있으며, 미국을 중심으로 하는 기존 서구권의 권위와 힘의 장벽을 약하게 만들고 있다. 이미 주요 영역들에서도 아시아의 기술력이 세계를 이끌고 있다.

미래학자들은 2050년이 되면 세계 인구의 절반 이상, 세계 경제의 약 40%, 세계 정보기술산업의 절반 이상, 세계 수준의 첨단 군사력이 아시아에 있을 것으로 본다. 그들은 2025년이면 세계의 부가 아시아로 이동하는 현상이 완료될 것으로 내다본다. 세계의 중심이 500년 만에 다시 아시아로 오고 있다. 기회가 미국과 유럽에서 아시아로 대이동 중이다. 예전 기술과 산업은 한계에 도달했지만, 새로운 기술과 산업은 국내와 아시아에서 곧 시작될 것이다. 부의 규모가 국내에서는 성장의 한계에 도달하고 있지만, 아시아 전체는 커지고 있다. 한국인이라는 개념을 뛰어넘어 아시아인이라는 생각을 가져야 한다. 미래 변화는 아시아에서 시작되고, 아시아가 주도할 것이다. 아시아인이라는 것이 태생적 장점이 되는 시대가 곧 우리

---

12 〈아이뉴스24〉, 'IT 덕에 나도 작가, 출판 패러다임도 급변', 2014. 1. 6.
13 KBS, '디지털 개인 출판 시대, 누구나 대박 책 낼 수 있다', 2013. 12. 23.

곁에 온다. 아시아의 최고가 대부분 세계 최고로 인정받게 되는 날이 가까워지고 있다. 바로 얼마 전인 500년 전에도 실제로 그랬다. 아시아가 세계의 중심이었고, 아시아의 최고가 대부분 세계의 최고였다. 2020~2030년 이후, 다시 그런 시대를 맞게 될 것이다.

기회는 위기에서 시작된다

어느 시대나 위기와 변화를 경험한다. 유독 그 위기와 변화의 크기가 크고 속도가 급격할 때가 있다. 바로 지금 우리가 사는 시대가 그렇다. 15세기 말 이루어진 콜럼버스의 신대륙 발견과 비견될 정도의 '미래 기회'라는 신대륙이 다가오고 있다.

그런데 콜럼버스의 신대륙 발견 과정은 그리 낭만적이지 않았다. 최첨단 시설을 갖춘 유람선을 타고 항해한 것이 아니라 위험천만한 폭풍우를 수도 없이 겪어야 했고 죽음의 고비도 여러 번 넘겨야 했다. 방향마저 가늠하기 어려운 망망대해를 여러 날 표류하듯 뚫고 지나가야 했다. 위기를 헤쳐나가는 일은 필연적으로 고난의 여정을 요구한다. 미래의 기회라는 신대륙에 도착하기를 원한다면, 그것이 저절로 주어지는 것이 아니라는 사실을 깊이 새겨야 한다.

더욱이 기회는 이동한다. 콜럼버스의 신대륙은 같은 자리에 머물러 있었지만, 기회는 가만히 한자리에 있지 않고 이동한다. 그렇게 기회는 이동하면서 이전의 생각과 성공의 법칙, 부의 흐름을 사정

없이 흩어버린다. 크고 작은 여러 개의 폭풍우를 만들어낸다. 기회가 사라진다고 말하는 이들도 있지만, 기회는 사라지거나 축소되지 않는다. 단지 이동할 뿐이다. 역사상 기회가 줄어든 적은 없다. 문명사나 산업 발전사를 살펴보면 기회는 계속 커져 왔다. 앞으로도 그럴 것이다. 다만 기회는 끊임없이 이동해왔다. 부 역시 이동했다. 이동하기에 멀어지는 것처럼 보이기도 하고 다가오는 것처럼 보이기도 한다. 그래서 사라지는 것처럼 보이기도 하고 새롭게 나타나는 것처럼 보이기도 한다. 기회가 사라지는 것처럼 보이는 것은 경마장의 말처럼 자신의 눈에 가림막을 두었기 때문이다. 앞만 쳐다볼 뿐 주변의 변화를 볼 수 없어 그렇게 느끼는 것이다. 한곳만을 보고 있으면 기회는 사라지고 줄어드는 것처럼 보인다. 그래서 "누가 내 치즈를 다 옮겼어?"라고 말하게 될 수 있다. 그런데 아무도 치즈를 옮기거나 빼앗아 가지 않았다. 그렇게 느낄 뿐이다.

머물러 있는 세계, 정적인 세계에서는 미래 변화에 크게 관심을 두지 않아도 된다. 새롭게 다가오는 하루가 어제와 큰 차이가 없이 반복되는 오늘로 느껴질 것이다. 하지만 움직이는 세계, 동적인 세계에서는 미래 변화에 관심을 두는 것이 절대적으로 필요하다. 변화의 요인이 많고 불확실성이 높은 환경이라면 더욱 미래 변화에 집중해야 한다. 자칫 변화의 방향과 속도, 타이밍 같은 흐름을 놓치면 큰 낭패를 보게 된다.

미래 기회의 신대륙에 도착하려면 우리는 두 개의 커다란 폭풍우를 뚫고 지나가야 한다. 하나는 '제2의 외환위기 혹은 금융위기'라는 폭풍우이고 다른 하나는 '산업 이동'이란 폭풍우다. 5년 전 발표했던 한국의 미래 위기와 가능성에 관한 시나리오들을 점검하고 최적화한 후 지금의 시점에서 내린 결론은 이렇다.

"다가오는 위기에 무덤덤한 한국은 1997년 IMF 구제금융 위기에 비견되는 큰 위기나 GDP의 -5%가 넘는 극심한 경기 후퇴를 겪고 나서야 위기의 본질을 깨닫고 생존을 위한 필사적인 개혁에 필요한 추진력을 얻을 수 있을 듯하다."

이 예측이 틀렸으면 좋겠다는 마음이 들기도 한다. 위기가 현실이 되기 전에 제대로 된 움직임이 있었으면 하는 것이다. 그런데 안타깝게도 위기를 겪고서야 정부나 기업 그리고 개인이 진지하게 포괄적이고 근본적인 구조 개혁을 받아들이는 상황이 만들어질 것으로 보인다. 힘들고 어려워도 그때까지는 스스로 살길을 찾아야 한다.

미래의 기회라는 신대륙에 도착하기까지는 험난한 여정을 이겨낼 준비를 해야 한다. 강한 자가 살아남는 것이 아니라 살아남는 자가 강한 것이라는 말이 있다. 위기 상황에서는 거의 진리에 가까운 말이다. 험난한 여정에서 생존을 위해서는 대비해야 할 것이 많다.

그중 첫 번째가 제2의 외환위기다. 이 시나리오는 정확하게 세 가지다. 첫째, 지금이라도 근본적 문제를 해결하는 쪽을 결정하고 움직이면 저성장이란 어려움을 경험하겠지만, 더 큰 위기는 막을 수 있다. 둘째, 이렇게 하지 않으면 금융위기 가능성은 점점 더 커질 것이다. 셋째, 금융위기의 크기와 금융위기를 처리하는 과정에서 정치권이 어떻게 행동하느냐에 따라 제2의 외환위기가 현실이 될 수

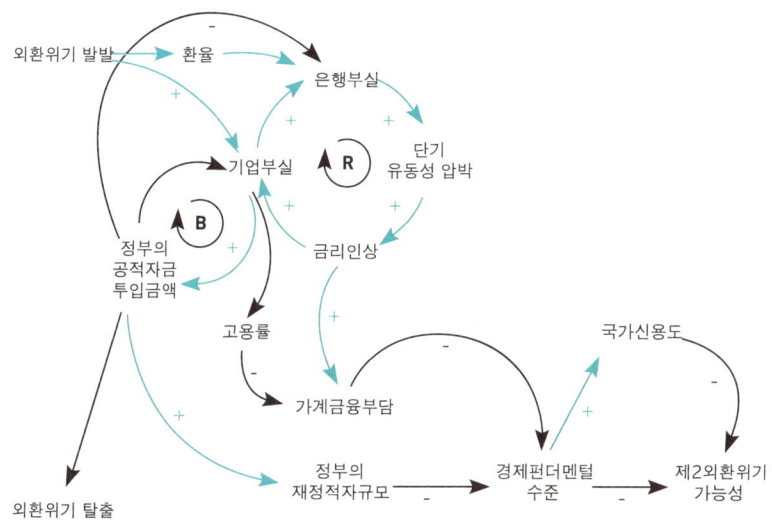

외환위기가 반복되는 시스템적 이유

있다.[14]

2013년 기준으로 한국의 가계부채는 1,150조~1,200조 원(개인사업자 포함)을 넘어섰다. 지금도 분기당 12조~16조 정도의 속도로 증가하고 있다.[15] 예금취급기관 가계대출 규모는 688조 원을 넘어섰다.[16] 이런 속도라면 이번 정부 말에는 1,300조~1,400조를 돌파할 수 있다. 자영업자 가구당 빚은 1억 원을 넘어섰다.[17] 특히 베이비붐 세대

---

14 제2의 외환위기와 관련한 상세한 내용은 필자의 《2030 대담한 미래》를 참조하기를 부탁한다. 위기의 근본원인과 해결방법에 관해 자세히 다루었다.
15 〈매일경제〉, '빚더미 대한민국 2題', 2014. 4. 6.
16 〈연합뉴스〉, '예금취급기관 가계대출 688조 원, 사상 최고치', 2014. 4. 8.
17 〈중소기업뉴스〉, '자영업자 가구당 빚 1억 돌파', 2014. 4. 16.

자영업자의 빚이 심각하다.[18] 이미 통제 범위를 넘어섰다고 보는 것이 맞다. 가계부채가 이렇게 늘어난 이유는 무리하게 소비를 늘리고, 빚을 내서 부동산을 사고, 정부가 잘못되거나 뒤늦은 정책을 펴고, 인위적인 고환율 정책 등으로 가계의 지출 부담이 더 커졌기 때문이다. 글로벌 금융위기 속에서도 한국의 가계부채는 더 늘었다. 2008년부터 2011년 상반기까지 정부가 고환율 정책을 지속함으로써 경제는 11% 성장했지만, 소득은 15% 감소했고 가계대출은 34% 증가했다. 대략 190조 원의 돈이 국민의 주머니에서 추가로 지출된 것이다.

  2008년에 시작된 위기가 완전히 해결되려면 최대 10년이란 시간이 필요하다. 지금 우리는 중간 지점을 통과하고 있는 셈이다. 급한 위기는 벗어났지만, 추가적인 위기가 남아 있다. 2012년 4/4분기부터 시작된 일본의 엔저 충격이 최소 2~3년은 한국 산업을 강타할 것이다. 2014~2015년 이후 경기회복에 따른 미국의 출구전략과 달러 강세가 겹치면 한국은 큰 위기에 빠져들 것이다. 여기에 더해 부동산 거품이 붕괴하면 한국 경제는 크고 거대한 불황의 늪에 빠질 가능성이 크다.

  살아남아야 한다. 위기가 다가올 때는 생존을 위한 전략을 세워야 한다. 타이타닉호가 남긴 교훈을 기억하자. 거대한 빙산이 다가오고 있다. 침몰하지 않으려면 충돌을 피해야 한다. 충돌할 수밖에 없는

---

18 〈한국경제〉, '베이비붐 세대 자영업자 빚 심각', 2014. 4. 6.

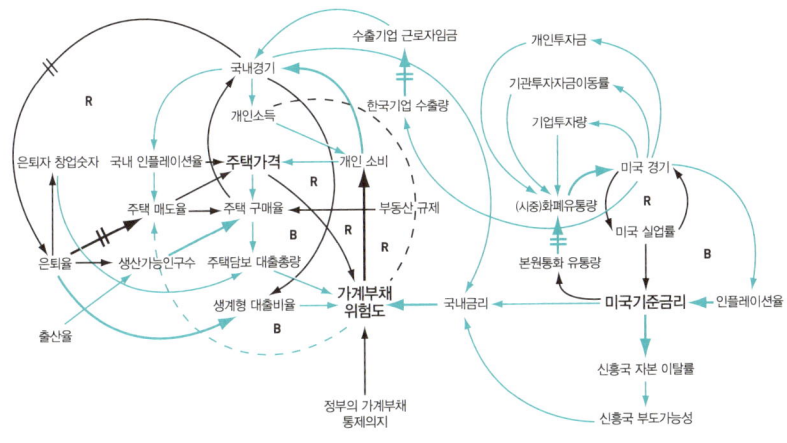

미국의 기준금리 인상이 한국 경제에 미치는 영향

검은색 화살표는 변수의 양이 반대로 움직이는 것을 표현한다. 파란색 화살표는 변수의 양이 같이 움직이는 것을 표현한다. 예를 들어 가계부채 위험도가 증가하면 개인 소비량은 (반대로) 감소한다. 개인 소비량이 줄어들면 (같이) 국내 경기도 침체(줄어)된다는 식이다.

상황이라면 비상 계획을 수립하고 대비해야 한다. 1912년 4월 10일 처녀항해에 나선 초호화 유람선 타이타닉호는 나흘 후 빙산과 충돌했다. 불과 2시간 40여 분 후, 배는 뱃머리 쪽부터 대서양의 얼음 같은 물 밑으로 가라앉았다. 2,200여 명의 승무원과 승객 중 절반만이 가까스로 고작 20대의 구명보트에 몸을 실었다. 그나마도 일부는 반쯤 걸친 채였다. 다음 날 아침 구조선이 구한 생존자는 705명. 선장 에드워드 스미스를 포함한 1,517명이 배와 함께 가라앉았다.

거대한 빙산이 다가오는 상황에서, 정부는 경제성장률이 회복되면 가계부채 문제가 해결될 것으로 예측한다. 정말 그럴까? 10~15년 이내 국내 30대 그룹 중 15개 이상이 사라질 위기에 놓여 있다. 산업주의 시대에는 기업의 평균 생존기간이 30년 정도였으나 지금은 변화의 속도가 빨라져서 기존 산업은 20년, IT산업은 10년을 넘기기 어렵다. 기업이 이 생존의 변곡점에 이르기 전에 기존 시스템의 한계를 극복해내지 못하면 쇠락을 맞게 된다. 1956년 개장된 국내 증권시장에서 상장사 생존 확률은 64%에 불과하다.[19] GE처럼 100년 동안 100대 기업으로 살아남은 기업도 있지만, 기업의 평균수명은 채 15년도 안 된다.[20]

일본의 잃어버린 10년 역시 기존 시스템의 한계를 극복해내지 못해 생긴 구조적 결과다. 성숙기에 들어간 기존 산업, 1.5명에 불과한 저출산, 인구 14%가 65세 이상인 고령사회로 진입, 경제성장률 저하, 종신고용 붕괴, 부동산 버블 붕괴로 중산층 소비 위축과 양극화 심화 등이 복합적으로 만들어낸 저주였다. 앞으로 5년, 한국도 이런 문제들이 가시화될 가능성이 크다. 한국은행은 이미 2005년 기존 산업이 성숙기에 들어섰다고 발표했다. 그동안 성장을 견인했던 자동차·반도체·중화학공업·조선업·제조업 등은 노동력이 우수한 중국과 인도 등 신흥국가에 쫓기고, 자본과 기술력이 뛰어난 미국과 일본 등 선진국의 반격에 시달리면서 '넛크래커' 상황에 빠질 가능성이 크다. 한국의 제품이나 서비스나 산업이 선진국과 신흥국 사이에 끼어 호두처럼 깨지는 처지가 되는 것이다.

현재 우리가 처한 상황을 유심히 살펴보자. 글로벌 경쟁과 적극

---

[19] 〈동아일보〉, '국내증시 상장사 생존 확률 64%', 2011. 12. 15.
[20] 〈인데일리〉, '기업의 평균수명이 15년도 채 안 된다', 2012. 8. 7.

적인 리스크 회피 전략 때문에 종신고용이 붕괴하고 있다. 공장의 해외 이전과 저임금의 후진국 노동자 유입으로 소비 확대 기능도 잃어가고 있다. 종신고용이 붕괴되면 소비의 주체가 되는 중산층이 타격을 받는다. 중산층의 타격은 내수시장에 큰 부담으로 이어진다. 내수시장에 집중하는 다양한 산업이 타격을 받는다.

2018년이 되면 인구의 14%가 65세 이상인 고령사회로 진입한다. 국가재정 부담이 많이 늘어나 경제성장에 걸림돌이 될 것이다. 그뿐만 아니라 평균 생활수준 하락, 부동산 가격 하락, 내수시장 규모 축소, 사회활력 저하, 저축률 하락으로 이어질 것이다. 그런데 65세가 은퇴의 기준이었던 것은 산업주의 시대의 일이다. 지금은 50~55세로 빨라졌다. 은퇴 후에는 평균 소비를 40% 줄인다.[21] 특히 은퇴 후 저소득층의 소득 감소폭은 커서 지출을 줄일 수밖에 없다.[22]

그런데 우리나라 고령층의 경제활동 참가율은 다른 OECD 국가들과 비교하면 상당히 높은 수준이다. 전 세계적으로 고령화가 진행되면서 경제활동인구 감소와 재정부담 악화 등 고령화의 경제적 영향에 대한 우려가 커지고 있는 상황에서 한국 고령층의 높은 경제활동 참가율은 언뜻 바람직해 보인다. 하지만 우리나라 고령층의 활발한 경제활동 참가의 이면에는 높은 수준의 노인 빈곤율이 자리하고 있다. 공적으로도 사적으로도 노후대비가 부족한 상황에서 많은 한국

---

[21] KBS, '가구주 은퇴하면 소비지출 15% 감소', 2011. 11. 23.
[22] 〈경향신문〉, '은퇴 후 빈익빈 부익부 더 심해진다', 2012. 10. 17.

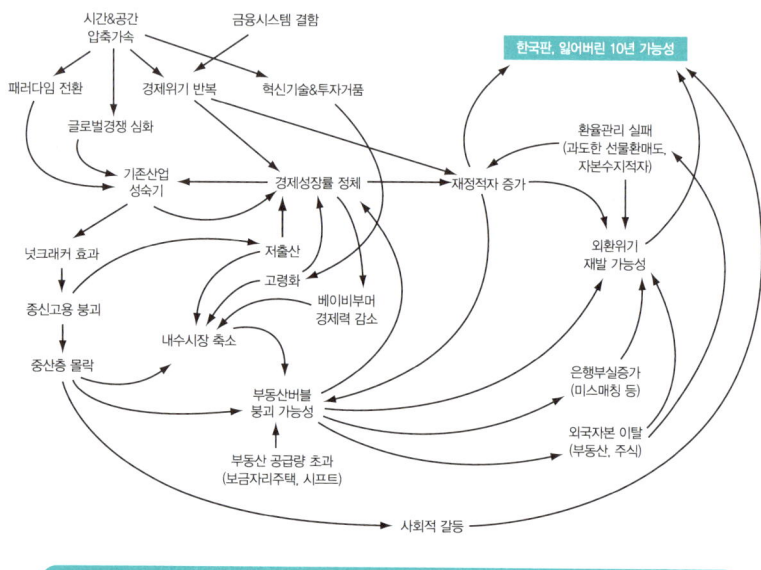

한국판 잃어버린 10년의 시스템적 인과관계

고령자들이 은퇴하고 싶어도 하지 못하고 있는 상황에 부닥쳐 있다.[23]

상황은 몹시 심각하다. 은퇴 후 파산 가능성이 절반에 가깝다. KDB산업은행 조사분석부가 발표한 '고령화와 은퇴자산 적정성' 연구 보고서에 따르면 은퇴 시점까지 축적한 은퇴자산의 미래 투자 성과와 은퇴 시점 이후 기대수명 불확실성 등을 분석한 결과 이같이 나타났다.[24]

생각해보자. 2018년이 되면 65세 이상 고령 인구 14%와 베이비붐

---

23 〈뉴스와이어〉, '대한민국, 은퇴하기가 어렵다', 2013. 5. 12.
24 〈머니투데이〉, '사적연금 미가입 베이비부머, 은퇴 후 파산가능성 절반에 육박', 2012. 2. 13.

세대 은퇴자 14.6%를 합친 28.6%가 평균 소비를 40% 줄인다.

이러한 변화가 현실이 되면 내수시장은 어떻게 될까? 지금은 왕성하지만 축소되거나 사라지는 것은 무엇일까? 새롭게 등장하거나 확대되는 것은 무엇일까?

기회가 이동하고 있다. 분리된 작은 영역에서 진행되는 이동이 아니라 판 자체가 이동하고 있다. 거대한 빙산이 움직이고 있다. 무엇을 준비해야 할까? 어느 곳으로 달려가야 할까?[25]

기회가 현실이 되기 전에 도전하라

기회가 움직이고 있지만, 지금은 실감하지 못할 수 있다. 위기도 한 차례 더 기다리고 있다. 하지만 곧 모두가 기회의 대이동을 실감할 것이다. 2020년이 되기 전에 모두가 엄청난 변화를 온몸으로 확인하게 될 것이다. 그런데 그때는 '선점'의 효과가 사라져 버린다. 기회가 모두의 것이 되어버리는 순간 나만의 기회는 사라져버린다. 다가오는 미래를 수동적으로 기다리기만 해서는 안 된다. 미래를 기다리는 것은 다가오는 빙산을 물끄러미 쳐다보는 것과 다르지 않다. 도전하지 않으면 얻지 못한다. 자신이 만나고 싶은 미래를 향

---

[25] 다가오는 한국의 위기와 진행상황에 대한 추가적인 내용은 《2030 대담한 미래》(지식노마드, 2013)와 매주 발행하는 '미래통찰보고서'를 참고하라.

해 달려가야 한다. 기회가 최정점에 달할 때 위기를 대비해야 한다. 거꾸로 위기가 최정점에 달할 때 기회에 대비해야 한다. 위기 후 곧 기회가 온다. 최상의 행동은 아시아발 위기가 시작되기 전에 위기에 선제적으로 대비하여 리스크를 최소화하는 것이다. 리스크를 줄여 축적한 그 힘으로 위기가 시작될 때 기회를 선점할 준비를 시작해야 한다.

앞으로 10~20년은 감성을 기반으로 한 산업, 커뮤니케이션 산업, 환경 에너지 산업, 가상현실 관련 산업, 로봇과 사이보그와 인공지능 관련 산업, 생명공학기술 응용 서비스 산업, 나노기술 응용산업, 금융산업, 우주산업, 평생교육산업, 차세대 자동차산업 등이 기존 산업을 능가하는 새로운 부를 창출하는 산업으로 자리 잡을 것이다. 곧 다가올 미래이긴 하지만 아직은 미래의 일이다. 그런데 이러한 미래형 산업의 승자를 가리는 전쟁은 이미 시작되어 진행 중이다. 글로벌 경제의 패권을 노리는 전문 선수들은 이미 전쟁에 출전해 나름의 전공을 올리고 있다. 미래의 기회를 얻는 일은 미래가 다가오는 것을 준비하고 기다리는 것만으로는 부족하다.

다시 지그문트 바우만의 이야기다.

오늘날 이동성은 사람들이 가장 탐내는 능력이자 가장 강력한 계층화 요인이 되었다. 세계적으로 사회적, 정치적, 경제적, 문화적 위계질서를 매일 형성하고 허물고 다시 형성하는 요인이다. 자본을 소유하고 운영하는 이들은 이동성을 획득한 덕분에 전례 없는 무조건적인 권력과 의무로부터의 해방을 누린다. 직원에 대한 의무, 어리고 약한 세대, 앞으로 태어날 세대에 대한 의무, 삶의 여건을 자체적으로 재생산할 의무, 일상적인 삶과 공동체를 유지하는 데 공헌해야 할 의무로부터 자유롭다. 권력은 탈지역적 특성을 띠고 '일생'은 여전히 영역성을 유지하면서 이 사이에 새롭게 불균형 상태가 나타나고 있다. 이제 한곳에 묶이지 않은 자유로운 권력들은 사전 예고도 없이 갑자기 이동할 수 있게 되어서 지역주민들의 '일생'을 마음껏 이용하거나 그렇게 이용한 데 따른 결과는 책임지지 않은 채 떠나버릴 수 있다. 결과에 대한 책임을 벗어버릴 수 있는 능력은 새롭게 이동성을 얻어 자유롭게 떠도는, 지역에 묶이지 않은 자본이 획득한 가장 소중하고 탐나는 소득이다. 이제는 행동의 결과를 수습하는 데 드는 비용은 투자의 '효율성'을 계산할 때 고려할 필요가 없다.[26]

머뭇거릴 시간이 없다. 이동은 이미 시작되었다. 이동하는 세계 속에서 그 움직임을 읽고 이동하는 과녁을 겨누는 자들의 승리가 시작되었다. 현대그룹 창업자인 정주영 회장이 젊어서 실패할 때마다 되새겼다는 비스마르크 시대의 명장 헬무트 폰 몰트게(Helmuth Karl Bernhard von Moltke) 원수가 남긴 명언이 있다.

"나는 항상 청년의 실패를 흥미롭게 지켜본다. 청년의 실패야말로 그 자신의 성공의 척도다. 그는 실패를 어떻게 생각했는가? 그리

---

[26] 지그문트 바우만, 《방황하는 개인들의 사회》, 봄아필, 2013.

고 어떻게 거기에 대처했는가? 낙담했는가 물러섰는가? 아니면 더욱 용기를 북돋아 전진했는가? 이것으로 그의 생애는 결정되는 것이다."

어느 때보다 힐링이 필요한 시대다. 하지만 아프다는 핑계로 상황이 개선되지는 않는다. 청춘이라서, 중년이라서, 여자라서, 남자라서 아픈 것이 아니다. 이런저런 이유와 상황 때문에 아픈 것이라 말하지 말자. 원래 인생은 아프다. 살아 있기에 아픔을 느낀다. 아니 살아 있는 것만이 아픔을 느낀다. 살았음에도 아픔을 느끼지 못하는 것이 문제다. 아픔이 두려워 도전을 피한다면 상황에 끌려다니는 나약한 존재로 살아갈 수밖에 없다. 바람에 이리저리 흔들리며 중심 없는 갈대처럼 살아가야 한다. 지금 당장 미래에 대한 믿음을 가지고 용감하게 발걸음을 옮기자. 그러면 생존을 넘어 기회라는 신대륙에 이를 수 있을 것이다.

새로운 부와 기회를 만들어내는 새로운 방정식이 무엇인지 확인했다면 이제는 그 방정식을 구성하는 변수와 상수가 무엇인지 살펴봐야 한다. 서문에서도 밝혔지만, 이어지는 1장은 변화를 만들어내는 큰 힘에 관한 이야기다. 2장은 우리에게 좀 더 직접적인 영향을 미치는 변화에 관한 이야기다. 그리고 3장은 새로운 변화를 자신의 기회로 만드는 준비에 관한 이야기다.

새로운 부와 기회를 만들어내는 방정식을 참으로 이해한다는 것은 수학 공식 외우듯 머릿속 정보로 담아두는 것이 아니다. 현재 자신이 처한 상황과 앞으로 맞이할 상황을 해석하는 실질적인 도구가 되도록 해야 한다. 눈에 맞는 '안경'이 부족한 시력을 교정하듯 자신에게 최적화해야 한다. 이 책의 내용을 그냥 읽어내려 가지 않았으면 한다. 최대한 상상력을 발휘해주길 기대한다. 현재 그리고 가까운 미래에 자신의 영역에 이러한 변화가 어떤 영향을 미칠 것인지 상상하면서 읽었으면 한다. 이 책의 진짜 완성은 이 책을 읽는 저마다의 상상 안에서 이루어질 것이다.

THE EXODUS
OF
OPPORTUNITY

1

땅의 이동
: 판이 바뀌고 있다

―

다시 한 번 말한다.
우리는 이런 상황에 처한 적이 없다.

큰 흐름이 변하고 있다.
땅이 움직이고 있다.
땅이 움직이고 있는데 개별 주체가 영향받지 않을 수 없다.
바다의 흐름이 바뀌는데 그 위에 떠 있는
배가 영향받지 않을 수는 없다.
세계의 지형이 변하고 있는데 한국이 영향을 받지 않을 수 없다.
한국이 변하면 한국인이란 개인도 영향을 받는다.
그러니 계속 질문해야 한다.
땅이 이동하는 방향이 어떠한지,
땅이 이동하는 속도는 어떠한지,
그 이동이 나에게는 어떤 영향을 주는지.

THE EXODUS
OF
OPPORTUNITY

지금 우리가 겪고 있는 이 엄청난 변화를 담아낼 말이 있다. 바로 '땅이 움직이고 있다'는 것이다. 지금껏 항상 변함없이 그 자리를 지키고 있을 줄 알았던 '그 땅'이 움직이고 있다. 그야말로 '격변'의 수준이다. 여기서 격변은 엄청난 속도의 변화만을 의미하지 않는다. 방향 또한 급격하게 바뀌고 있다. 규모와 속도, 방향을 제대로 인식하기조차 힘든 격변과 그에 따른 새로운 기회가 지금 우리가 맞고 있는 오늘과 미래의 모습이다. 역설적이지만 지금 우리가 직면하고 있는 '불확실성의 증대'야말로 가장 규칙적이고 확실한 진실이다. 이 시대는 표층을 흐르는 트렌드만이 변화하고 있는 것이 아니다. 디디고 있는 땅이 움직이는 거대변화가 진행 중이다. 지그문트 바우만의 설명이다.

오늘날 우리가 직면한 현실을 '문화적 위기'라고 주장하지는 않겠다.

위기—이미 존재하는 형태들을 끊임없이 파괴하고 잊어버리면서 아직 시도하지 않은 새로운 형태를 실험하는 행위—란 인간의 모든 문화가 당연히 처하게 되는 여건이다. 내가 주장하고 싶은 바는 끊임없이 형태의 파괴가 이루어지는 오늘날의 상황에서 우리는 아무도 거주해보지 않은 새로운 영토에 도달했다는 점이다. 과거의 인간 문화가 거주 불가능하다고 여겼던 영토 말이다. 초월을 추구해온 긴 역사는 우리 시대에 이르러 초월과 정착으로 이어지는 영원으로의 도약을 아무도 탐내지 않고 삶을 살 만하도록 만들기 위해 그러한 도약이 반드시 필요하지도 않은 상황에 도달했다. 역사상 처음으로 유한한 인간들은 불멸 없이도 살아갈 수 있게 되었고 그런 상황에 괘념하지도 않는 듯싶다. 다시 한 번 말한다. 우리는 이런 상황에 처한 적이 없다. '여기 존재함'이 어떤 것인지 그것이 어떤 지속적인 결과(지속적이라는 구태의연한 표현을 쓴 점 양해 바란다)를 초래할지는 앞으로 두고 볼 일이다.[1]

그 규모가 너무 크기에 어떻게 관찰하고 분석할 수 있을까 염려할 수 있다. 마치 매일 엄청난 속도로 자전하고 있는 거대한 지구의 움직임을 인지하지 못하는 것처럼 말이다. 너무 깊이 염려할 필요는 없다. 핵심 줄기를 찾으면 된다. 제아무리 큰 규모의 변화에도 핵심 줄기는 있는 법이다. 핵심을 찾으면 정체를 이해하고 변화를 예측하고 대안을 수립하는 것이 가능하다.

---

1 지그문트 바우만, 《방황하는 개인들의 사회》, 봄아필, 2013.

지금 일어나고 있는 거대변화의 핵심 줄기는 바로 지식의 연합, 전문가의 연합이다. 사실 근대가 시작된 이후 지금까지 지식 그리고 지식인들은 분업화되어 있어 쉽게 연합을 이루지 못했다. 그런데 상황이 달라졌다. 애써 경계를 만들던 벽에 이런저런 모양의 창이 생기면서 지식의 융합과 복합이 이루어지고 있다.

'경계'의 이동

역사를 돌아보면 문명의 발전은 전문화 시대와 융합 시대를 왔다갔다 하는 진자운동을 했다. 산업시대 이후 300년 동안은 전문화 시대였다. 전문화 시대에서는 분업이 미덕이었다. 그런데 특정 영역에서 전문화를 통해 발전하는 방식이 한계에 이르면, 융합을 통해 새로운 발전의 돌파구를 찾게 된다. 그 과정에서 파괴는 자연스러운 현상이다. 파괴를 통해 기존 경계를 무너뜨리면서 새로운 틀을 형성하려 한다. 반면 파괴의 시대, 융합의 시대는 협업이 미덕이다. 파괴와 융합을 통해 새로운 카테고리가 만들어지면 그때는 다시 전문화 분업의 시대로 진입한다. 그리고 다시 한계를 만나면 융합의 시대로 들어간다. 이렇게 문명의 발전은 전문화와 융합을 양극에 둔 진자운동과 함께했다.

파괴와 변화, 변화와 기회는 정비례한다. 지금 우리가 직면하고 있는 파괴와 변화는 역사상 경험한 그 어떤 것보다 절대적으로 거대하다. 이미 국가 경계, 경제 경계, 문화 경계, 기술 경계의 파괴가 시작되었다. 미래에는 산업 경계, 언어 경계의 파괴가 나타날 것이다. 파괴가 많으면 많을수록 변화는 클 것이고 기회도 많을 것이다.

일상이 된 세계화

사실상 국경은 사라졌고 언어의 장벽도 무너지기 시작했다. 2040년 이후가 되면 언어 차이는 소통의 장벽이 되지 않는다. 완벽한 통번역 시스템의 자동화가 실현될 것이기 때문이다. 이런저런 이유로 영어를 비롯한 외국어 때문에 겪는 스트레스로부터 자유로워질 날도 머지않았다. 그때가 되면 외국어 구사 능력은 특별한 스펙이 아니라 평범한 기능적 요소 중 하나가 될 것이다. 외국어 구사 능력보다는 다른 나라의 문화를 이해하고 소통하는 능력이 더 중요해질 것이다.

언어의 장벽이 무너지면 정보나 지식의 교류가 지금보다 훨씬 더 빠르게 훨씬 더 많이 진행될 것이다. 기존 문명의 한계를 뛰어넘는 발전이 시작될 것이다. 역사는 하나의 문명이 또 다른 문명을 만날 때 마치 알껍데기를 깨고 나와 날갯짓을 하듯 성장하고 발전해왔다. 그렇게 역사의 큰 물줄기를 바꾸었던 거대한 사건이 앞으로는 익숙한 일상처럼 다가올 것이다. 언어의 장벽이 사라진다는 것의 의미는 절대 작지 않다.

기술이 발달할수록 이동거리에 대한 장벽도 깨진다. 가야 할 곳에 가지 못할 이유도 줄어든다. 물리적 이동수단뿐 아니라, 통신과 인터넷의 발달로 가상공간의 발전도 빨라져서 굳이 몸이 가야 할 필요도 사라지게 된다. 지구촌의 진정한 의미가 구현되는 셈이다.

진정한 세계화 시대에는 국가와 민족을 논하는 순간 경쟁력을 잃게 될 가능성이 크다. 세계화는 국경, 경제, 문화, 언어, 기술, 산업 등 경계의 파괴를 의미한다. 다른 민족과의 융합과 조화를 이루어내는 것이 미래 경쟁력의 핵심이다. 심하게 말하면 국적을 쇼핑하는 시대가 된다. 페이스북 공동 창업자 에드와도 새버린과 중국을 대표하는 영화배우 이연걸과 궁리는 싱가포르 국적을 취득했다. 속사정은 다르겠지만 싱가포르 국적이 매력적이었던 것이다.[2]

미국과 프랑스의 이민자 정책 결과가 판이하게 다르다는 것에 주목해야 한다. 미국 서부에 위치한 캘리포니아 의회는 합법적인 체류 신분 증명을 갖추지 못한 불법 체류자에게도 운전면허를 발급하기로 했다.[3] 미국은 적대 관계에 있는 쿠바와도 계속해서 이민 협상을 진행 중이다. 미국은 쿠바의 불법 이민자들이 해상에서 적발되면 본국으로 송환 조치 하지만 미국 땅에 일단 발을 들여놓으면 1년 안에 시민권을 얻을 수 있도록 허용하고 있다.[4] 반면 영국 독일 프랑스 등 서유럽 부국들은 이주민에 대한 복지혜택을 대폭 제한하는

---

2 〈매일경제〉, '싱가포르 vs 일본 이민모델…한국은 어떤 모델', 2013. 6. 17.
3 〈조선일보〉, '캘리포니아 불법체류자 운전면허 발급 예정 "이민 정책 개혁 예상"', 2013. 9. 14.
4 〈연합뉴스〉, '쿠바와 이민협상 재개한 美 생산적이고 긍정적', 2014. 1. 11.

조치를 추진 중이다. 2007년 유럽연합(EU)에 가입한 불가리아와 루마니아에 대한 이주 제한이 올해부터 풀리고, 경제 위기 여파로 동유럽을 탈출하는 이주민이 크게 늘자 이민 장벽을 높게 쌓고 있는 것이다.[5] 세계화가 가속화될수록 동시에 개인의 개성과 문화적 독창성도 중요한 이슈로 등장할 것이다. 문제는 어느 쪽이 메인(주제)이고 서브(부제)일 것이냐인데, 경계의 파괴와 융합이라는 특성을 가진 세계화가 주인공이 될 수밖에 없다.

세계화를 일상으로 경험하고 있는 세대에게 세계화는 특별한 무엇으로 인식되지 않는다. 세계화 속에 이미 살고 있기에 특별한 것으로 의식하지 못한다. 세계화를 특별한 것으로 인식하지 못하는 세계화 이후 세대가 본격 활동을 시작했다. 그들에게 세계화는 이미 특별한 것이 아니다.

어디에 있든 상관이 없다는 말인가?

전 세계가 이미 하나의 덩어리인데 '어느 나라로 가야 할까?'라는 질문이 의미 있을까? 경계가 희미해지거나 사라진 상황인데 말이다. 그런데 이것은 여전히, 아니 이전보다 더 큰 의미를 담게 된다. 이전보다 경계를 넘는 일이 쉬워진 것은 사실이다. 자본의 이동에

---

5 〈중앙일보〉, '영국 이어 독일 프랑스도 이민장벽', 2013. 11. 29.

서는 거의 모든 장벽이 사라졌다. 그에 비해 사람의 이동에는 여전히 장벽이 존재한다. 장벽이 존재한다는 것은 어디에 근거지를 두느냐가 중요한 포인트란 뜻이다.

큰 담론에 빠져 직면한 상황을 정확히 인식하지 못하면 어려움을 피할 수 없다. 자본이든 사람이든 이동을 위해서는 우선 분명한 목적지를 정해야 한다. 당연히 우리의 초점은 부가 있는 곳이다. '새로운 기회를 잡으려면 어느 나라로 가야 할까?', '가장 안전한 곳은 어디일까?', '인도일까?', '중국일까?' 이런 종류의 질문을 계속 던져야 한다. 대기 중에 먼지처럼 떠다니는 소리를 따라 이동하다가는 낭패를 본다. 제대로 보고 신중하게 그리고 신속하게 행동할 때다.

미리 말하면 앞으로 10~20년간은 미국으로 가야 한다. 모순처럼 들릴 수 있다. 하지만 실제로 상황이 그렇다. 값싼 노동력을 활용한 비즈니스는 동남아, 아프리카로 가야 한다. 지식에 기반을 둔 비즈니스는 중국, 인도로 가야 한다. 중국은 중위권 제조업을 주도할 것이고, 우리나라는 그보다 수준이 높은 제조업을 주도할 것이다. 첨단산업은 미국이 주도할 것이다. 최첨단 기술을 중심으로 한 산업이나 비즈니스는 미국에 집중될 것이다. 물론 20~30년 이후에는 아시아로 이동할 것이다.

일찍이 미국은 중국을 주목하고 있다. 왜일까? 우리가 중국을 바라보는 관점과 미국이 중국을 바라보는 관점 사이에는 간격이 있다. 이 간격을 무시해서는 안 된다. 세계 최대 시장을 내수 시장으로 가지고 있는 나라가 미국이다. 그들은 이미 최대 최고의 시장을 확

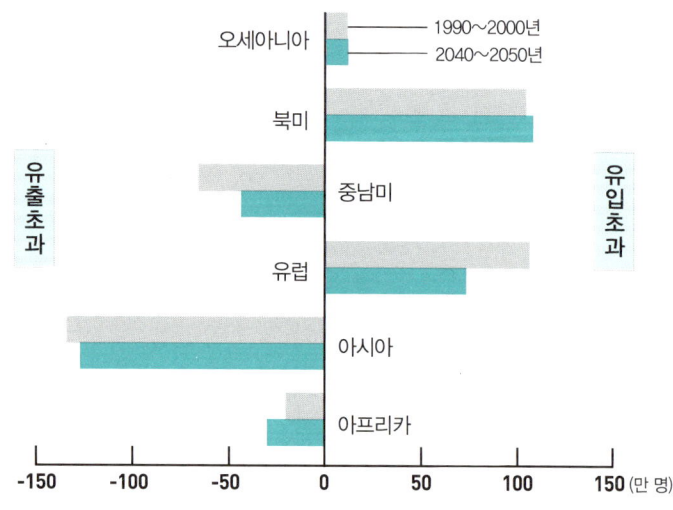

이민 '유·출입'(연평균)

나가는 사람(유출)과 들어오는 사람(유입)의 차이를 지역별로 살펴보면 2040~2050년에 최대 유입 초과인 곳은 북미다. 미국과 캐나다는 반세기 후에도 연간 130만 명가량의 이민자가 활발하게 유입될 것이다. 유럽도 유입 초과 상태이지만 1990~2000년의 수치와 비교해보면 2040~2050년 수치가 40% 줄어든다. 반면 유출 효과가 큰 곳은 아시아다. 2040~2050년에는 유출 초과가 1990~2000년에 비해 줄어들겠지만, 그래도 연평균 120만 명 이상 유출 초과에 이를 전망이다.[6]

보하고 있다. 이미 확보한 시장을 넘어 새로운 시장을 개척하고 확장해야 하는 그들이 중국을 대하는 태도를 흉내 내서는 안 된다. 그렇다고 중국 혹은 중국 시장이 중요하지 않다는 이야기는 아니다. 세계 최대 최고의 시장인 미국 시장의 중요성에 대해 착시를 가져서는 안 된다는 이야기다.

---

6 니혼게이자이신문사, 《인구가 세계를 바꾼다》, 가나북스, 2008.

유럽은 어떨까. 유럽은 미국보다 빨리 늙고 있다. 안타깝게도 유럽은 대안을 마련하지 못했다. 실제로 유럽은 미국보다 인구가 더 많다. 규모로는 더 큰 시장이다. 하지만 이민 정책이 발목을 잡고 있다. 유럽은 아프리카, 아시아 이민자를 계속 받아들여야 하는 상황이다. 여기까지는 미국과 크게 다르지 않다. 그런데 이민 혹은 이민자로 인한 사회적 갈등 문제 면에서 큰 차이를 보인다. 이민을 역동성을 부여하는 에너지로 활용하는 능력 면에서 유럽은 미국에 비해 크게 떨어진다. 스위스 국민들은 정부와 경제계, 유럽연합(EU) 집행위원회의 강력한 반대에도 대규모 이민 유입을 제한하는 법안을 국민투표로 통과시켰다. 이에 따라 유럽의 반이주민 정책 도미노 현상이 가시화될 것이란 우려가 커지고 있다.[7]

출발부터 이민자들의 나라였던 미국과 유럽은 이민에 대처하는 태도가 다를 수밖에 없다. 유럽이나 우리나라는 이민자들이 들어와 일자리를 빼앗는다고 생각한다. 반면 미국은 합법적인 이민이냐, 불법 이민이냐를 따질 뿐이다. 지금보다 더 적극적으로 이민을 받아야 한다고 미국 연방정부의 이민정책 개혁을 촉구하는 목소리가 크다. 자산 기준 미국 최대 은행 JP모건체이스의 CEO 제이미 다이먼은 이민정책 개혁은 경제적으로나 도덕적으로나 꼭 필요하다고 주장한다. 페이스북, 구글 같은 IT 기업도 이민 개혁의 필요성을 주장하고 있다. 인도 등 고급 IT 인력을 더 많이 받아들이기 위해서

---

[7] 〈문화일보〉, '경제위기 유럽 反이민 도미노 조짐', 2014. 2. 10.

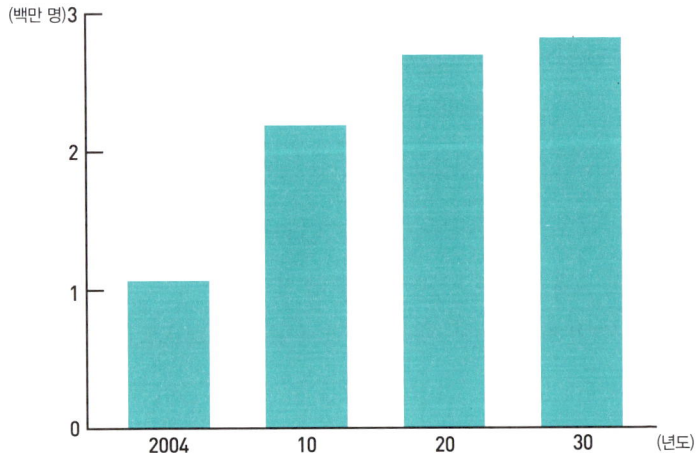

자료 : 독일 노동시장 직업 연구소 추계

영국 독일 프랑스 등 서유럽 15개국이 EU 신규 가입국에서 받아들인 이민자 수

영국에서는 의사와 간호사를 신규 채용할 때 정원의 절반 이상을 외국인으로 충원한다. 이전에는 인도 사람이 많았지만 2004년 5월 유럽연합이 확대된 후에는 취업비자 절차가 대폭 간소화된 중유럽과 동유럽 국가 사람으로 바뀌었다. 유럽연합이 확대된 지 2년 만에 서비스 산업과 농업 등에 중유럽과 동유럽 국가 사람 44만 7,000명이 취업 비자를 신청했고, 그 가운데 95%를 받아들였다. 배우자 등 가족도 3만 6,000명가량 입국했다.[8]

다.[9] 이뿐 아니라 가톨릭교회도 이민법 개정을 강력하게 요구하고 있다. 미국 주교회의 이민위원회 위원장 에우세비오 엘리존도 주교(시애틀대교구 보좌주교)는 "미국은 가족을 해체하고 우리 이웃을 위한 기본적이고 적정한 보호 절차를 무시하는 이민정책을 더 이상 유지할 수 없으며, 이것은 도덕적 문제"라고 말했다.[10]

---

8 니혼게이자이신문사, 《인구가 세계를 바꾼다》, 가나북스, 2008.
9 〈이데일리〉, '다이먼, 이민문제 개혁 안 되면 미국 미래 없어', 2014. 6. 25.
10 〈가톨릭신문〉, '가족 해체하는 이민법 개정 촉구', 2014. 4. 13.

유럽으로 갈 것인가, 미국으로 갈 것인가. 소프트웨어 사회의 고급인력은 미국으로 간다. 미국 정보기술(IT)업체들이 인문학적 배경과 IT 지식을 고루 갖춘 인재를 선호하면서 인문계 졸업생들의 IT업계 취업이 늘고 있다. 이들을 소프트웨어 인재로 키워주는 교육기관도 증가하고 있다.[11] 미국 IT업체 인턴은 정규직 못지않은 보수를 받는다. 미국 취업정보 사이트 글래스도어는 미국 일부 IT업체 인턴들이 연간 약 9,000만 원에 달하는 급료를 받는다고 발표했다.[12] 실리콘밸리의 '잘나가는' 3년차 엔지니어 연봉은 2억 원에 육박한다. 미국 전체 엔지니어 평균 연봉의 두 배다. 〈비즈니스인사이더〉는 실리콘밸리 엔지니어의 평균 연봉이 16만 5,000달러(약 1억 8,000만 원)에 달했다고 보도했다.[13]

두 지역 모두 저출산 고령화의 문제가 있지만, 미국은 유럽보다 오래 견딜 수 있다. 오랫동안 인재 경쟁에서 우위를 유지할 수 있다. 인재는 결코 정처 없이 흘러다니지 않는다. 스마트라는 단어가 어느 그룹이나 계층보다 잘 어울리는 그들이기에 스마트하게 이동한다. 경제가 발전할수록 더 많은 인재가 미국으로 이동한다. 중국은 막대한 부를 무기로 글로벌 기업을 유치하면서 인재를 끌어들이고 있지만, 중국 밖으로 빠져나가는 인재가 오히려 많다. 중국 공산당 중앙인재공작협조팀 관계자는 "중국이 인재자원 부족 국가에서

---

[11] 〈매일경제〉, '美인문학도들 IT업체 취업 늘어', 2014. 3. 17.
[12] 〈매일경제〉, '美 IT인턴 연봉 9000만 원…실리콘밸리 평균에 버금가', 2014. 3. 3.
[13] 〈전자신문〉, '실리콘밸리 엔지니어 연봉은 최소 2억 원', 2013. 10. 17.

인력자원 대국으로 발전했지만 유실된 최고 인재 수량은 세계 1위"라면서 "특히 과학, IT 분야에서 중국 유학생들의 현지 체류 비율이 평균 87%에 달한다"고 말했다.[14]

한국의 인재는 어디로 이동할까? 세계적 경쟁력을 갖춘 인재라면 미국으로 가야 할 것이다. 그런데 머지않아 아시아도 훨씬 강력한 시장이 될 것이다. 새롭게 부상하는 그 시장을 지배하기 위해서는 선점이라는 전략이 필요하다.

이쯤 되면 혼란스러울 것이다. '도대체 어느 나라에 집중해야 한단 말인가?' 그런데 바로 이 생각을 버려야 한다. 변화를 인지하고 선제적 행동을 하면 모든 나라가 기회인 시대다. 그러나 예전의 방식대로 앞으로 수십 년을 안정적으로 투자하거나 기회를 줄 나라를 찾으려 한다면 어느 나라에서도 기회를 찾을 수 없는 시대다.

상황의 변화를 인지하고 해석하는 것과 동시에 자신의 수준을 정확히 이해하고 자신의 위치를 선정하는 것이 지혜롭다. 세계의 경계가 사라졌다고 해도 '어느 순간 어느 곳에 있을지'를 명확히 선택하는 것이 필요하다. 진정 어디에 있든 상관이 없단 말인가? 그렇다. 어디에 있는가는 중요하지 않다. 하지만 언제 어디에 있어야 하는 것은 중요하다.

미국 캘리포니아대학 버클리 캠퍼스의 경제학 교수 엔리코 모레티(Enrico Moretti)는 오랫동안 노동 경제학과 도시 경제학을 연구해온

---

14 〈헤럴드경제〉, '유학 간 중국 IT인재들⋯10명 중 9명 귀국 안 해', 2013. 6. 4.

경제학자다. 최근 출간된 《The New Geography of Jobs》에서 그는 노동자의 급여가 살고 있는 거주지에 따라 결정된다는 연구 결과를 발표했다. 구체적인 사례를 보자.

대도시 가운데 어느 곳이 컴퓨터 과학자에게 급여를 가장 많이 줄까? 아마도 독자들은 미국의 첨단기술 수도인 샌프란시스코와 새너제이의 컴퓨터 과학자가 미국에서(그리고 세계에서) 가장 많은 급여를 받으리라 예상할 것이다. 샌프란시스코와 새너제이의 평범한 컴퓨터 과학자는 연간 13만 달러를 받는다. 보스턴이나 뉴욕이나 워싱턴 D.C.에서는 같은 사람이 25~40% 덜 받는다.

또 다른 질문이 있다. 어느 도시가 변호사에게 가장 많이 지급할까? 필자가 이것을 잘못 짚었음을 고백해야겠다. 자료를 보기 전 필자는 뉴욕이나 워싱턴의 변호사가 미국에서 가장 수입이 많으리라고 생각했다. 필자가 상상한 이미지는 5,000달러짜리 맞춤 양복을 입고 금융과 권력의 중심지에서 수십억 달러짜리 거래를 중개하는, 영향력이 큰 변호사에 관한 것이었다. 그런데 미국 도시 가운데 뉴욕과 워싱턴에 변호사가 가장 많은 것은 분명하지만, 이들 도시의 변호사가 가장 돈을 많이 버는 것은 아니다. 인구조사국에서 수집한 자료를 사용해 조사해보니 새너제이 변호사가 가장 많이 벌며(연간 평균 소득 20만 달러 이상) 샌프란시스코 변호사가 그보다 약간 덜 버는 것으로 나타났다. 소득 순위표의 반대편에 있는 변호사들(올버니, 버펄로, 새크라멘토)은 새너제이 변호사들과 비교하면 절반도 못 버는 것으로 나타났다.

웨이터들이 있어야 할 곳은 라스베이거스다. 이 도시의 가장 호화로운 식당에서 일하는 웨이터는 여섯 자리 소득을 올릴 수 있다. 하지만 평범한 시설에서 일하는 웨이터들조차 이 도시에서는 돈을 잘 번다. 보통의 웨이터는 팁을 포함해 시간당 18.2달러를 번다. 이 액수는 어떤 대도시에서도 찾아볼 수 없는 최고 수준의 평균 시급이다. 이것은 그리 놀라운 일이 아니다. 세계 유수의 성인 오락 도시인 라스베이거스의 웨이터들은 도박 및 기타 부도덕한 행위와 관련된 관대한 팁으로부터 이득을 얻는다. 순위표에서 그다음에 오는 도시들은 더 많은 것을 말해준다. 샌프란시스코, 시애틀, 보스턴, 워싱턴 D.C.는 2~5위다. 샌디에이고는 7위다. 웨이터 수입이 좋은 10대 도시 가운데 세 곳(라스베이거스, 올랜도, 웨스트팜비치)은 순전한 관광지이지만, 일곱 곳은 첨단기술의 존재가 강한 도시들이다.

놀랍게도, 교역적 부문과 비교역적 부문 둘 다에서 여타 일자리에서도 같은 현상이 드러났다. 공업 생산 관리자의 소득 순위표에서 윗자리를 차지하는 도시는 새너제이, 오스틴, 포틀랜드, 샌프란시스코, 롤리-더햄, 그리고 시애틀이다. 모두가 혁신 중심지다. 이발사와 미용사의 경우 샌프란시스코, 보스턴, 워싱턴 D.C.가 상위 5대 도시에 들어 있다. 이 근로자들은 리버사이드와 디트로이트의 같은 직종 사람들보다 평균 40%를 더 번다. 요리사는 보스턴의 보수가 평균 연봉 3만 1,782달러로 가장 많으며, 꼴찌인 휴스턴과 샌안토니오는 약 2만 달러다. 건축가는 샌프란시스코가 으뜸이다. 여기서 어떤 패턴을 발견했다면 당신은 옳게 본 것이다. 원론적으로만 보면, 보스턴과 샌프란

시스코의 변호사, 미용사, 관리자가 휴스턴, 리버사이드, 디트로이트의 같은 직종 종사자보다 단지 일을 더 잘하는 것일 수 있다. 아마 그들이 더 노련하고, 더 똑똑하거나, 동기가 더 강한지도 모른다. 하지만 근무 경력, 교육 수준, 또는 심지어 지능지수를 고려하더라도 급여 차이는 그 정도로 많이 나지 않는다. 노동자 본인들은 그 정도로까지 다르지 않다. 정작 다른 것은 그들을 둘러싼 지역 경제, 특히 숙련된 노동자의 수다.[15]

많은 인재가 함께할 사람과 성공할 일을 찾아 이동하고 있다. 그 결과 경제 발전 가능성이 사라지는 지역이 세계 곳곳에서 늘고 있으며, 이들 지역에서는 좋은 일자리를 얻을 확률이 심각하게 낮다. 유능하고 숙련된 사람들은 세계의 주요 인재자원 주변으로 모여들기 마련이다. 어떤 지역에서든 그런 인재들의 이민이 늘어나게 된다. 어떤 인재는 주변에 높은 생활수준을 보장하는 창의적 클러스터나 생산 지역이 존재해 자국에 계속 머물 수도 있다. 또 어떤 인재는 눈앞에 다가온 기회를 놓치지 않고 외국 경험을 쌓기 위해 개발도상국 시장에서 일할지도 모른다. 누군가는 진정한 세계 시민이 되어 세계의 일자리와 투자 기회를 비교하며 언제라도 자유롭게 옮겨 다닐지도 모른다.[16]

---

[15] Enrico Moretti, 《The New Geography of Jobs》, Mariner Books, 2013.
[16] 린다 그래튼, 《일의 미래》, 생각연구소, 2012.

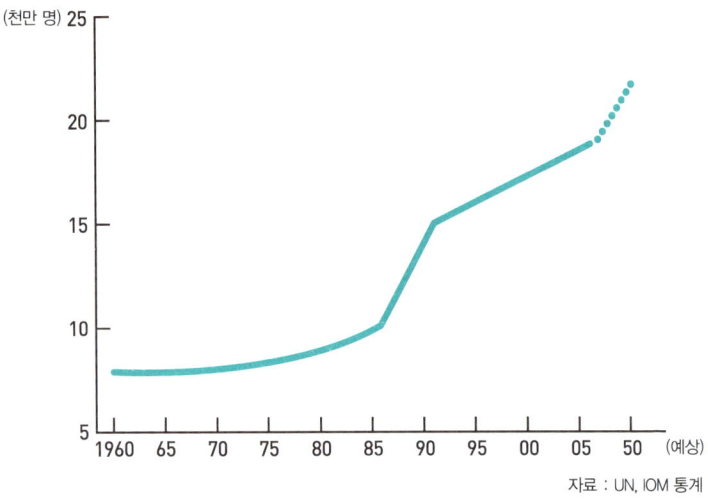

세계의 이민자 수

국외 이민자 수는 이미 1965년 세계 인구의 2.5%인 7,500만 명에 달했으며 경제와 정보의 글로벌화 덕에 국경을 초월한 이동이 더 늘고 있는 추세다. 유엔은 2005년 세계의 이민자 총수를 1억 9,000만여 명으로 발표했으며 국제이주기관(IOM)의 추계에 따르면 2050년에 이르러 2억 3,000만 명으로 늘어날 것으로 보인다.

    사실 인류에게 이동 혹은 이주는 그리 낯선 것이 아니다. 국외 이주의 경우 1965년에 세계 인구의 2.5%(약 7,500만 명)가 국경을 넘었다. 2010년에는 3%(약 2억 1,400만 명)가 이민을 했다. 그런데 앞으로 이 숫자는 계속 늘어 세계 인구의 상당수가 이민자 대열에 합류하게 될 것이다. 하지만 지난 세기 동안 지방에서 도시로, 한 도시에서 다른 도시로 옮기는 국내 이주는 국외 이주보다 훨씬 더 많았다. 2010년에는 국외 이주의 거의 네 배에 해당하는 7억 4,000만 명 이상이 국

내 이주를 했다.[17]

그러니 이동을 두려워하지 마라. 지구촌이라고 해서 어느 곳에 있든 똑같은 기회를 얻는 것은 아니다. 시간에 따라 계속해서 달라지는 상황을 면밀히 추적하고 지속적인 변화를 자연스럽게 받아들여라. 시간에 따라 선택을 다시 하는 것을 번거롭게 생각하지 마라. 지난 시절에는 수십 년마다 혹은 백 년에 한 번 정도 '어느 곳'에 있어야 할지를 선택했다면, 앞으로는 10~20년마다 한 번씩 '지금 이 순간 어느 곳에 있어야 할까?'를 선택하게 될 것이다.

경제와 정보가 글로벌화하면서 국경을 초월한 이동이 늘어나고 있다. 유엔에 따르면 세계의 이민자 총수는 2005년에 1억 9,000만 명을 넘어섰다. 국제이주기관(IOM: International Organization for Migration)의 추계에 따르면, 2050년에는 2억 3,000만 명으로 늘어날 것이라 한다.[18]

경험하지 못한 갈등의 등장

이제 경험하지 못한 갈등이 등장한다. 이 갈등을 누가 먼저 해결하느냐가 기회 선점의 중요한 요소로 떠오른다. 이민을 허용하지 않는 한국은 국적 취득이 매우 까다로운 나라다. '귀화'를 원하는

---

[17] 린다 그래튼, 《일의 미래》, 생각연구소, 2012.
[18] 니혼게이자이신문사, 《인구가 세계를 바꾼다》, 가나북스, 2008.

외국인들은 한국에서 2년 이상 직장을 갖고 거주해야 한다. 상당액의 통장 잔액도 필요하고 제법 어려운 귀화 시험도 치러야 한다. 이렇게 어려운 과정을 거쳐 귀화에 성공한 외국인에 대한 우리의 태도는 그다지 호의적이지 않다. 이중적이기까지 하다. 백인계 유명인들의 귀화와 제3세계 외국인 노동자의 귀화를 바라보는 시선이 전혀 다르다. 순혈주의를 중심으로 한 민족적 편견뿐 아니라 인종적, 경제적 편견까지 결합된 이중적 태도다. 영어권에 대한 편향된 호의로 인해 러시아, 동유럽 등 비영어권 백인 출신이 국적을 속여 한국에서 원어민 행세를 하는 경우도 생겼다.[19]

외국인이나 이민자를 배려하고 수용하는 미국이나 캐나다 같은 나라에서 배워야 할 것이 많다. 그런데 배우고 익힐 시간이 넉넉하지 않다. 상황이 그리 여유롭지 않다. 지금 한국 사회는 7가구 중에 1가구가 다문화가구다. 30~40년만 지나면 외국인의 숫자는 지금의 7~8배가 넘을 것이다. 그런데 한국 사회에서 '다문화'는 리스크일까, 동력일까? 솔직히 말하면, 현재 수준으로는 10년 안에 다문화가정을 포용할 만큼의 사회로 성숙하는 것은 어려워 보인다. 미국 상황보다는 유럽 상황에 가까울 것 같다.

수많은 기업들이 현장 근로자에서부터 고위 임원진에 이르기까지 외국인들을 고용하고 있다. 시너지 반, 리스크 반이 현실이다. 총합적으로 경계파괴, 융복합 효과는 제로다. 우리나라에 들어온 외

---

[19] 〈한국경제〉, '영어 강사, 원어민이면 범죄자라도 상관없다?', 2010. 4. 2.

국인들은 제4계급이다. 심지어 동족인 탈북민들은 제5계급으로 전락했다. 상류층, 중산층, 서민층, 외국인, 탈북민 순으로 서열이 매겨지고 있다. 갈등을 해결하기는커녕, 갈등이 늘어나고 있다.

10년 후면, 다문화가정의 자녀 1세대들이 부모의 품을 떠나 사회로 나오게 된다. 지금과는 여러 면에서 차이가 있을 것이다. 과연 한국 사회는 그런 상황을 어떻게 받아들일까? 현재 다문화 가정의 자녀 중 상당수가 이런저런 이유로 대학에 진학하지 못하고 있다. 그들에 대한 사회적 배려와 관심이 부족하면 유럽이 경험했던 일들을 우리도 경험하게 될 것이다.

이민자 혹은 이민자 2세 혹은 3세를 중심으로 일어나는 반사회적 행동이 일어날 수도 있다. 한국 사회는 지금까지 사회 내부에서 크게 인종 갈등을 겪어본 적이 없다. 사실 아주 옛날부터 한국은 다문화 다종교 사회였지만 큰 문제 없이 지내왔다. 지금처럼 순혈주의를 중심으로 한 배타적 민족주의가 강해진 것은 조선 시대부터다. 그런데 그 조선 안에 '왜관'도 있었고 '이태원'도 있었다.

인종에 관한 대중의 상식은 대개 과학적이지도 않고, 단순한 경험적 사실에 불과하다. 영국의 사회학자 앤서니 기든스는 인종적 특성이나 각 종족 집단의 정체성을 형성하는 언어, 역사 혹은 조상, 종교와 의복과 장식 스타일은 자연적으로 주어진 것이 아니라 사회적으로 습득된 것이라고 말한다. 오늘날 유전학에서도 특정한 인종적 특징을 공유하는 집단 내부에서의 차이가 이들 인종적 집단 간의 차이보다 크다는 사실을 확인하고 있다. 또한 인종 개념이 근거

없는 편견에 불과하다고 말한다. 인간을 인종적으로 구분할 수 있는 명확한 특징이 없다는 것이다. 이처럼 인종에 관한 대중적 믿음은 크게 수정되어야 한다. 이런 믿음을 빨리 수정해야 미래의 부를 붙잡을 수 있다. 이런 믿음을 빨리 버려야 미래의 기회가 보인다.

세계에는 70억이 넘는 사람들이 살고 있다. 이들은 인종, 혈통, 영토, 문화 등에 따라 분류된다. 한국인 역시 이러한 분류 중 하나다. 이러한 분류가 가져오는 장점이 많다. 하지만 이러한 서로의 '다름'에 대한 구분이 서로에 대한 배척과 대립, 물리적 충돌의 시발점이 되기도 한다. 인종 간의 갈등, 민족 간의 갈등, 국가 간의 갈등 그리고 문명의 충돌에 이르기까지 모두 자신의 '다름'을 인정하지 않는 것에서 비롯되기 때문이다. '다름'을 인정해야 '더 나은 미래'라는 신대륙으로 가는 배를 탈 수 있다.

지금의 한국 사회, 그리고 앞으로의 한국 사회는 톨레랑스(la tolérance, 관용)가 절대적으로 필요하다. 사실 관용은 자유사상에 기초한 민주주의 사회라면 당연히 가져야 하는 태도다. 또한 관용은 자신의 신념이나 기호에 기초하여 타자를 억압하는 '박해·비관용'의 반대를 의미하지만, 타자의 신념이나 기호에 전혀 신경 쓰지 않는 '무관심'과는 구별된다. 아예 관심을 두지 않는 것은 관용이 아니다. 하나의 공동체를 이루고 있음에도 공동체의 일부로 인정하지 않고 관심을 두지 않는다면 그것은 조용한 폭력이지 관용이 아니다.

불행히도 지금의 한국 사회는 '다름'에 관해 양극단의 태도를 보이고 있다. 아주 조금이라도 다른 부분이 있으면 구분하고 편을 가르고 지적하고 유무형의 폭력을 가한다. 사회통합의 기본 방향은 다름을 인정하는 것이다. 나와 다른 상대방을 인정하는 것이다. 이로써 우리는 '나인 우리, 우리인 나'라는 공동체적 의식을 갖게 된다. 이처럼 다름을 인정하는 사회가 문화적으로 성숙한 사회다.

한국 사회는 점차 다문화 다인종 사회로 진입하고 있다. 지금과는 사뭇 다른 환경이 만들어질 것이다. 이것이 한국 사회라는 땅이 이동하고 있는 모습 중 하나다.

'인구 축'의 이동

출산율 저하 문제를 개인 혹은 개별 가정의 문제로 넘겨버릴 수도 있다. 아이 머릿수보다는 엄마 아빠의 일자리 창출과 취업 문제가 더 급한 문제라고 말할 수도 있다. 사회적 비용이 너무 커 불가항력이라고 말하는 것이 틀리지 않을지도 모른다. 그런데 절대 그렇게 넘길 문제가 아니다. 수명, 인구, 연령분포의 변화는 인류의 생태를 바꾸는 핵심적인 원인이기 때문이다. 500년 만에 다시 찾아오는 국가의 미래 기회를 없애버리거나 최소화시켜버리는 핵심적 원인이기 때문이다.

인구 통계와 수명은 누가 아이를 낳고 그 아이들이 얼마나 오래 살 것인가에 대한 문제이자, 얼마나 많은 사람이 얼마나 오래 일하는가에 대한 문제다. 인구 통계와 일은 불가분의 관계로 얽혀 있으며, 일의 미래에 대한 합리적 관점을 세우려면 인구 통계와 관련된 사실을 반드시 이해해야 한다.[20] 인구 구성의 변화는 세상의 틀을 변화시킨다. 그리고 그렇게 세상의 틀이 바뀌면 소비자와 생산자의 모습도 변한다. 생산자와 소비자가 바뀌면 자연히 경제와 산업도 바뀐다. 거래와 방식도 바뀐다. 이런 변화는 일자리의 모습과 부의 이동에도 영향을 미친다.

이처럼 무엇을 얻을까 잃을까의 변화는 인구 구성에서 시작된다. 그런데 세상은 지금 인구의 축이 빠른 속도로 이동하고 있다. 한국도 예외가 아니다. 아니, 세상의 평균보다 더 빨리 변화하고 있다. 인류는 지금 100세 시대에 진입했다. 2040~2050년이면 평균 120세 시대로 진입한다.

2003년 가을, 미국 잡지 〈디스커버(Discover)〉는 100세 생일잔치를 계획하는 노인 수가 점점 늘어나고 있다고 보도했다. 그런 약속은 고대 사회나 우리 사회가 주장하듯 오만이나 과대망상이 아니다. 21세기의 노화를 유익하게 만들 수 있는 유일하게 현실적인 방법이다. 태양이 지구를 도는 것처럼 보이지만 실제로는 그렇지 않다는 걸 배워야 했듯, 인간은 노화가 퇴화의 과정이자 영원히 결정된 과정이 아니라는 사실을 배워야 한다.[21]

---

[20] 린다 그래튼, 《일의 미래》, 생각연구소, 2012.
[21] 프랑크 쉬르마허, 《고령사회 2018》, 나무생각, 2005.

산업혁명 시대 영국의 도시에 거주하는 사람들의 평균 연령은 17~25세 사이였다. 독일의 비스마르크 수상이 국민연금제도를 시작할 때 독일 사람들의 평균수명은 48세였다. 그래서 65세부터 연금을 주면 연금고갈과 같은 문제는 일어날 가능성이 없었다. 65세부터 노인으로 분류하기 시작한 것은 사실 65세부터 연금을 수령하는 제도가 시작되면서다. 우리나라도 100년 전에는 평균 연령이 28세였다. 1960년에도 50세에 불과했다. 1985년 65.9세를 기록하면서 65세를 넘었다. 그런데 2010년에는 80.7세로 15년 사이 큰 폭으로 증가했다.[22]

지금과 같은 고령화는 이전에는 경험하지 못한 상황이다. 유엔 보고서에 따르면 전 세계 60세 이상 노인 인구가 2050년에는 20억 명에 이른다. 고령화가 계속되면 젊은 세대가 노인부양으로 어려워질 것이다. 젊은 세대의 세금이나 연금으로 급격히 증가하는 노인 세대를 부양하는 것은 거의 불가능하다. 징세는 국가의 고유 권한이지만 물리적 한계가 있다. 실업청년이 많은 상황에서 세수는 줄어들고 젊은이들에게 과도한 세금부담을 강요하면 이민을 선택할 수도 있다.

인구 구조가 바뀌면 소비 구조도 바뀐다. 연령분포가 달라지면 물리적 한계로 경제 규모가 줄어들 수밖에 없다. 돈 버는 사람과 쓰는 사람이 줄어들면 시장이 줄어들기 마련이다. 고령화의 영향으로

---

22 〈왓처데일리〉, '건강보험 35년, 평균수명 14.8세 증가', 2012. 7. 1.

구분	1990~2000년	2000~2025년	2025~2050년
호주	-0.4	7.8	5.8
캐나다	1.2	9.2	4.1
덴마크	-2.3	5.8	2.0
핀란드	0.3	10.7	2.4
프랑스	0.2	6.5	4.1
독일	1.6	7.1	4.4
이탈리아	1.0	7.5	9.5
일본	5.2	11.4	7.2
한국	2.6	13.8	13.3
네덜란드	1.1	8.3	3.3
스웨덴	6.3	5.5	0.9
스위스	3.4	6.0	2.5
영국	-0.1	5.5	3.1
미국	0.2	6.7	1.0
OECD 평균	1.6	7.2	5.8

자료: OECD, Coping with aging(2003)   주: 총 인구대비 65세 이상 인구 비중임

주요 OECD 국가의 노인 인구 증가율 전망

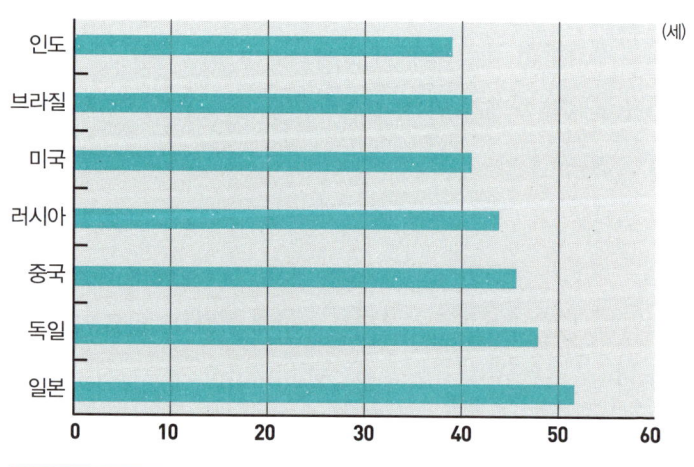

2050년 시점의 주요국의 평균 연령(UN 예측)

소비재, 식료품, 의류, 생필품 등에 대한 소비가 가장 많이 줄어들 것이다. 전체적으로 궁핍해질 가능성이 있다. 이런 현상은 20년 이내 한국을 포함한 G20 국가들에서 일어날 것이다. 반대로 후진국들이나 신흥국들에서는 인구가 증가할 것이다. 분명, 인구 축이 큰 틀에서 이동 중이다. 기억하라. 인구 축의 대이동은 기회의 대이동, 부의 대이동의 틀을 형성한다.

세계 인구 140억 명 시대

농경시대가 시작될 때인 10,000년 전 세계 인구는 100만 명이었다. 한 여인이 쓰레기로 버려진 밀 씨앗이 자연적으로 자라나는 것을 발견했다. 그리고 새로운 실험을 했다. 밀 경작이었다. 가축을 길들이는 기술도 발전했다. 곡물 경작과 가축을 길들이는 기술이 발명된 후 인간은 한곳에 정착하며 문명국가를 이루기 시작했다. 곡물과 짐승 사냥을 위해 이리저리 떠돌아다닐 필요가 없었다. 인구도 빠르게 늘기 시작했다.

B.C. 2000년경, 이집트에 피라미드가 세워질 시기에는 세계 인구가 3,000만 명이었다. B.C. 500년경, 아테네의 황금기 시절에는 대략 1억 명까지 인구가 증가했다. 로마가 세계를 지배하고 예수님이 탄생할 무렵에는 2억 3,000만 명 정도로 세계 인구가 증가했다. 당시 로마의 인구는 5,000만~6,000만 명 사이였다. 영국에서 청교도

혁명이 끝난 직후인 1650년에는 5억 명으로 증가했다. 19세기 초에는 8억 명으로 인구가 늘어났다. 유럽혁명이 일어난 1830년대에는 10억 명을 넘었고, 1850년경에는 12억으로 늘어났다. 불과 50년 만에 세계인구가 4억 명 증가했다.

인구가 증가할수록 전쟁, 전염병 등의 질병이 늘어났다. 수렵 생활이 끝났기에 농작물에 기근이 발생하면 속수무책이었다. 인구는 늘어나고 식량과 물 그리고 자원이 부족해지자 가장 쉬운 방법으로 다른 부족, 다른 도시, 국가 들의 것을 빼앗아 오기 시작했다. 수렵시대에는 맹수의 위협으로 수명이 짧았지만, 농경시대에는 전쟁과 폭력으로 인해 수명이 단축되었다.

19세기 중반 12억 명이었던 전 세계 인구는 100년 동안 두 배로 증가했다. 한국전쟁이 발발했던 1950년 이후부터는 수명이 증가하고 출생률도 높아지면서 인구 증가의 속도가 더 빨라졌다. 대략 12년 간격으로 10억 명씩 증가해 2012년에는 70억을 돌파했다. 한국전쟁이 끝난 후, 대규모 전쟁도 없었고, 미국을 중심으로 자본주의가 세계를 지배하면서 유럽과 미국, 아시아에서 경제성장이 폭발적으로 일어났고 인구 증가를 막을 요인이 별로 없었다. 전 세계가 오랜만에 장기적인 안정기를 보낸 지난 40년 동안만 계산한다면 전 세계 인구는 두 배 증가했다. 앞으로도 대규모 전쟁이 발발하지 않고, 아시아와 아프리카 그리고 남미 등의 개발도상국과 후진국을 중심으로 경제발전이 계속되는 추세가 이어지면 2100년에 세계 인구는 2012년의 두 배인 140억 명이 될 것으로 예측된다.

이미 대도시들이 만들어진 선진국들은 앞으로 저출산·고령화 현상으로 더 이상의 폭발적인 인구 증가가 불가능하다. 도리어 선진국들의 주요 도시들은 고령화 현상과 인구 감소를 걱정해야 한다. 현재 전 세계를 주도하는 미국과 중국을 포함한 G20 국가들은 앞으로 10~20년 이내에 거의 전부 고령화와 인구 감소 문제에 직면한다. 이들은 2030~2050년 이후부터 늘어나는 은퇴자들과 저소득층의 생존 문제를 걱정해야 한다.

톈안먼 광장, 뉴욕의 센트럴파크(Central Park), 프랑스 개선문 광장, 런던 템스 강 부근, 서울시청 앞 등은 노숙자, 불법 거주자, 실직자와 은퇴자 들로 가득 찰 것이다. 국제 빈민구호단체인 옥스팜은 2025년이 되면 인구증가, 경제성장 정체로 인한 높은 실업률, 복지지출 증대가 불러온 재정 악화 및 부의 불균형 분배 악화 등으로 유럽 인구의 33%인 1억 4,600만 명이 빈곤층으로 전락할 것으로 예측했다.

그러나 이것보다 더 심각한 문제가 있다. 앞으로 나타날 대부분의 문제는 선진국들을 따라잡기 위해 발버둥을 치는 나머지 180여 개의 국가에서 시작된다. 나머지 나라들은 인구가 더 증가해야 한다. 경제를 더 성장시키기 위해 도시를 더 건설하고 환경도 더 파괴하고, 질 낮은 자원도 더 소비해야 한다. 미래의 문제는 이런 상황에서 시작된다.

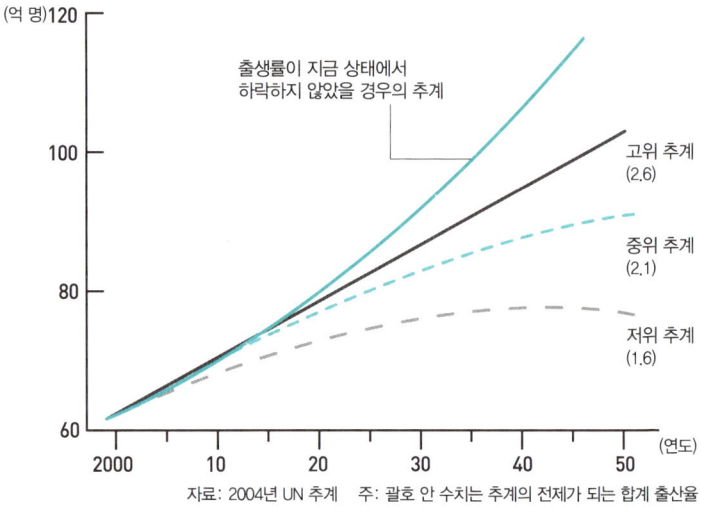

세계 인구 전망

유엔은 현재의 저출산 문제가 더욱 심화된 경우(합계 출산율을 1.6으로 계산)의 '저위 추계', 저출산이 그다지 진전되지 않을 경우(합계 출산율을 2.6으로 계산)의 '고위 추계'도 계산했다. 지금 시점에서 대다수 지역은 '고위 추계'의 기준이 되는 2.6을 크게 웃돈다.[23]

'에너지 축'의 이동

농업과 식량의 위기라고 한다. 동물의 권리문제도 대두하고 있다. 인간과 자연의 공존을 강조하는 의식이 증대되고 있다. 재생에너지의 미래는 어떤 모습일까? 지속가능한 발전 방안이 있을까? 녹색성장이란 정말 존재하는 것일까? 이런 질문의 중심에는 '에너지'와

---

[23] 니혼게이자이신문사, 《인구가 세계를 바꾼다》, 가나북스, 2008.

'환경'에 관한 근본적 태도가 자리한다.

  에너지와 지구 환경에 대한 인식이 크게 달라지고 있다. 위기가 기회를 만든다는 표현이 딱 들어맞는다. 에코 비즈니스, 에코 소비가 일상이 되고 병들어가는 '지구'가 '인류'를 그리고 '나'를 살리는 일이 진행되고 있다. 개발을 통한 부가가치는 이미 한계에 부딪혔다. 환경을 보존하는 비즈니스에서 새로운 부가가치가 창출될 것이다.

  에너지 축이 이동된다고 하면 많은 사람은 석유가 곧 고갈되는 시대가 온다는 말로 오해한다. 그렇지 않다. 곧 고갈되리라는 경고가 계속되는 석유와 천연가스는 당분간 100~200년 동안은 절대 고갈되지 않는다. 셰일가스, 셰일오일뿐만 아니라, 생산비가 많이 들어가서 지금은 뽑아내지 않을 뿐 아직 개발하지 않은 석유와 가스도 많다. 셰일가스는 전 세계적으로 약 5,700억 톤이 묻혀 있는 것으로 알려져, 전통 가스보다 약 네 배 많다. 특히 북미와 아시아, 남미, 아프리카 등 전 세계적으로 개발 잠재력이 풍부하다. 생산기술이 발달함에 따라 대량 상업 생산이 가능해지고 있다.[24]

  이제 에너지를 '경제성의 문제'가 아니라 '환경문제'로 접근하기 시작한 것이다. 어떻게 하면 더 친환경적으로 쓸 수 있을까를 고민한다. 친환경 에너지만을 고수하지 않고, 기존의 석탄과 석유도 더 친환경적으로 사용하자는 변화가 일고 있다. 에너지 '소비'에서 '공존'이라는 방향으로 축이 바뀌고 있다. '자연과의 공존'이란 화두가

---

24 〈머니투데이〉, '셰일가스 매장량 1위 중국, M&A에 650억弗 투자', 2012. 9. 20.

낯설지 않다. 짐 월리스의 말이다.

> 사람들은 단기적인 경제적 필요성 때문에 나누는 법을 배우는 중이다. 나는 사람들이 장기적인 지속가능성을 위해 계속해서 나눌 수 있기를 바란다. 어려운 때에 혹은 필요 때문에라도 형성된 새로운 마음의 습관은 평생 가는 습관으로 자리 잡을 수도 있다. 녹색 경제로의 변화는 다른 모든 것을 변화시키는 중대한 변화들 중 하나가 될 것이다. 이것이 곧 회심이다.[25]

그동안 함부로 대해온 자연에 대해 이제야 그렇게 해서는 안 된다는 것을 깨달았다. 아직 그 깨달음의 깊이가 깊지는 않지만, 환경을 파괴하면서까지 에너지를 취해서는 안 된다는 것만은, 늦었지만 명확히 알게 되었다. 이런 변화가 그동안 이 문제의 중심에 있던 선진국들에서 일어나고 있다는 것이 중요하다.

이런 축의 변화는 에너지 거래, 소비, 가격의 미래에 영향을 미칠 것이다. 에너지 비용은 기업의 운영과 제품의 원가 및 이미지에도 영향을 미친다. 에너지 축의 변화는 기업의 미래, 국가의 미래에 영향을 미친다. 앞으로는 환경을 무시한 개발이나 비즈니스는 쉽게 한계에 부딪힐 것이다. 선진국들은 이미 거의 모든 영역에서 그 틀을 변경하고 새로운 규칙/규정을 적용하고 있다. 자동차산업만 들

---

25 짐 월리스, 《가치란 무엇인가》, IVP, 2011, p. 190.

여다봐도 '고성능', '신기술' 경쟁이 계속되고 있지만, '고연비', '친환경' 경쟁이 더욱 치열하다.

그러나 여전히 에너지를 '환경문제'가 아니라 '경제성의 문제'로 접근하려는 그룹도 있다. 선진국을 추격해야 하는 중국이나 개도국이 그들이다. 그들은 결코 무시할 수 없는 거대 규모의 그룹이다. 그래서 환경과 에너지 문제가 쉽게 해결될 것 같지 않다. 오히려 앞으로 한동안 심각한 상태가 계속될 것이다. 그래서 에너지 축은 단기간에 급격하게 전환되지는 않을 것이다.

환경과 에너지에 관한 '이중적 태도'가 당분간 공존하겠지만, 에너지와 환경의 '관계에 관한 시선'의 변화는 주된 흐름이다. '에너지의 축'이 이동하고 있다는 것을 염두에 두어야 한다. 지금은 지지부진한 듯 보이지만, 어느 정도 시점이 지나면 에너지 축의 변화가 급격하게 기울 수 있다. 그러면 관련된 환경과 법과 제도들도 함께 빠른 변화의 물결에 휩싸일 것이다. 그때 가서 대응하려면 늦다. 축의 이동이 '더딘 것'을 '변화하지 않을 것'이라고 오해하면 안 된다.

'경제 패권 축'의 이동

전 세계가 말 그대로 지구촌, 하나의 큰 동네가 되었다. 그러니 누가 패권을 잡고 있느냐 하는 문제가 이전보다 더욱 중요해졌다. 예전에는 동네마다 골목대장이 있었다. 그 동네에서만큼은 말 그대로 대장이었다. 하지만 그 동네를 벗어나면 이야기는 달라졌다. 그래서 자기네 골목대장이 싫으면 그 골목을 벗어나면 그만이었다.

그런데 지금은 지구가 하나의 동네가 되었다. 한 동네에 골목대장이 여러 명일 수 없다. 그러니 골목대장 자리를 두고 경쟁 이상의 전쟁이 벌어진다. '패권 전쟁'이란 말의 의미를 간략히 정리하면 이렇다. 지금은 미국이 골목대장이다. 'G1(Great One)'이라고 불리는 골목대장 미국이 지금 세계 질서의 중심에 있다. 특히 '경제 패권'에 있어서는 확실하게 골목대장 역할을 하고 있다. 2030년까지는 미국이 대장질(?)할 가능성이 크다. 그럼에도 지금 그 '경제 패권'이 움직이고 있다.

경제 패권이 아시아로 이동하고 있다. 세계의 중심이 미국과 유럽을 거쳐 아시아로 오고 있다. 그렇다고 이제 처음으로 아시아가 세계의 중심이 되고 있다는 의미는 아니다. 사실 18세기까지 세계 경제의 중심은 아시아였다. 안드레 군더 프랑크(Andre Gunder Frank)는 말했다.

유럽은 아시아의 등에 업혔다가 이내 어깨를 타고 앉았다. 그러나 그것은 일시적인 현상일 뿐이다.[26]

실크로드가 바로 그 흔적이다. 고대부터 줄곧 아시아는 세계의

---

26 안드레 군더 프랑크, 《리오리엔트》, 이산, 2003.

중심이었다. 그런데 산업혁명과 함께 유럽에 그 패권을 내주었다. 그리고 1차 세계대전 이후 미국으로 축이 이동했다. 그런데 그 축이 다시 아시아로 이동하고 있다.

> 그리 멀지 않은 장래에 서양과 동양은 글로벌 경제와 세계사회에서 다시 자리바꿈을 할 가능성이 있으며 벌써 그런 조짐이 어렴풋이 나타나고 있다.[27]

2030~2040년 이후 경제 패권은 아시아로 이동한다. 아시아 1위가 곧 세계 1위가 된다. 지금 힘들어도 그때까지 버텨야 한다. 기회는 그렇게 미국에서 아시아로 넘어올 것이다. 중국과 일본 그리고 한국이 세계의 중심이 될 기회가 오고 있다. 살기 힘들고 불확정성이 높은 상황이니 아직 다가오지 않은 미래라도 밝은 모습으로 상상해 보자는 의미에서 하는 말이 아니다. 이렇게 단언하는 것은 까닭이 있기 때문이다. 아시아가 세계의 중심이 되는 데에는 몇 가지의 결정적인 미래 징후가 있다.

이렇게까지 이야기를 해도 '아시아가 어떻게 1등을 해'라고 생각하는 이들도 있을 것이다. 아시아인이면서도 아시아를 '잘해야 2등'으로만 여기는 사고 습관을 떨쳐내야 한다. 500년 전에는 아시아가 1등이었다!

---

[27] 안드레 군더 프랑크, 《리오리엔트》, 이산, 2003.

아시아를 중심으로 하는 미래사회를 이해해야만 세계 경제와 비즈니스 환경 변화의 방향과 속도를 이해할 수 있다. 앞으로 10~20년, 세계정세의 변화를 이끄는 핵심축은 아시아다. 그런데 이런 예측과 주장은 아시아가 아닌 아시아 밖에서 시작되었다.

아시아로 세계의 중심이 이동하는 결정적 요인들

아시아가 세계의 중심이 되는 것과 관련한 몇 가지 결정적 요인이 있다. 그 첫 번째는 현재와 미래의 '부'를 창출하는 시스템의 혜택을 가장 많이 보는 지역이 아시아라는 것이다. 이것을 이해하기 위해서는 앨빈 토플러(Alvin Toffler)가 말한 세 가지 부의 물결을 이해할 필요가 있다.

앨빈 토플러가 말하는 첫 번째 부의 창출 시스템은 1만 년 전 선사시대로 거슬러 올라간다. 그것은 지금의 터키 지역인 카라카닥 산 근처 어딘가에 최초의 씨앗을 심었을 때 나타났다. 바로 우리가 농업 혁명이라고 부르는 그것이다. 농업의 발명으로 사람들은 미래에 다가오는 궂은 날씨를 대비해 잉여 생산물을 저장할 수 있게 되었다. 이렇게 시작된 부의 제1 물결은 노동의 역할 분담을 초래했다. 그리고 그로 인해 교역과 물물거래, 판매와 구매의 형태로 교환의 필요성을 불러일으켰다. 말 그대로, 경제를 활용한 부의 축적과 힘을 무기로 세계를 지배하고 영향력을 끼치는 환경이 생성된 것이다. 이때부터 인류 역사에는 '세계의 중심'이라는 개념이 형성되었다.

앨빈 토플러가 말하는 두 번째 혁명적인 부의 창출 시스템은 '산업주의'다. '산업혁명'이란 말을 들으면 알 수 있는 바로 그 흐름이다. 1600년대 말 영국을 중심으로 유럽에서 시작된 산업주의는 공장, 도시화, 세속주의를 가져왔다. 그리고 또한 대량생산, 대량교육, 대중매체, 대중문화로 이어졌다. 이후 표준화, 전문화, 동시화, 집중화, 중앙집권화, 규모의 극대화라는 일반 원칙에 기반을 둔 다양한 형태로 분화되면서 '해가 지지 않는 나라, 영국'이란 신화를 만들었다.

앨빈 토플러가 말하는 세 번째 부의 물결은 가장 최근에 도래했다. 제3의 물결은 산업생산, 토지, 노동, 자본의 전통적인 요소를 훨씬 정교한 지식으로 대체하며 산업주의의 모든 원칙에 도전했다. 제3의 부의 물결은 사회, 시장, 생산에서 탈대량화를 유도하고, 조직을 수평화하고 네트워크 구조나 다른 대안 구조로 전환하고 있다. 제3의 물결은 '서비스하는(serving) 것, 생각하는(thinking) 것, 아는(knowing) 것, 경험하는(experiencing) 것'을 기반으로 하며 제2의 물결 형태인 주로 '만드는(making) 것'을 기반으로 한 조립 공정, 노동 분업과 노동 전문화 등의 형태와 영향력을 퇴보시키고 있다.

제3의 부의 창출 시스템은 미국에서 시작되었다. 그러면서 미국을 세계의 중심으로 만들었다. 그리고 수십 년이라는 짧은 기간에 태평양 건너 아시아까지 변화시켰다. 그 결과 미국과 더불어 아시아의 중심국인 한국, 중국, 일본 등이 빠르게 세계의 관심과 주목을 받게 되었다. 2004년 중국은 일본을 제치고 미국과 독일에 이어 세계 3대 교역국이 되었다. 앨빈 토플러는 중국이 20년이 채 안 되는 짧은 기간에 전 세계 경제를 내려다보는 거대한 세력이 되었다고 평가했다. 한국 역시 지난 1980년대 이후 불과 20년 만에 국가 총생산량 GDP와 국민 1인당 소득 GNP가 후진국 수준을 탈출해 중상위 국가 경제력을 갖추게 되었다. 그 이후에도 제조업 분야와 정보통신 분야의 지속적이고 눈부신 발전으로 세계 10위권의 신화적 성장을 이뤘다. 한국과 중국, 일본 등을 비롯한 아시아 중심국의 눈부신 발전과 아시아로 경제 패권이 이동하는 것은 단순한 유행이나 일시적 현상이 아니다.

두 번째 중요한 요인은 '인구 분포'다. '인구 분포'는 부의 창출 시스템과 관련되는 경제 규모를 좌우할 뿐 아니라 사회변화의 핵심 원동력이다. 2020년쯤이면 아시아 인구는 대략 50억에 이른다. 2025년이 되면 서구국가의 인구는 전 세계 인구의 16% 정도에 불과하게 된다. 1980년대에 전 세계 인구의 24%를 차지했던 것과는 차이가 크다.

전문가들은 앞으로 20년간 전 세계 인구의 대부분이 아시아, 아프리카, 라틴 아메리카에서 증가할 것이라는 공통된 인식을 보이고 있다. 유엔인구기금(UNFPA)이 발표한 '2013년 세계 인구현황 보고서'를 보면, 세계에서 가장 높은 인구변화율을 보인 나라는 아라비아 반도 남부에 있는 오만이다. 전 세계 인구변화율이 1.1%인 데 비

세계 인구 상위 10개국(억 명)

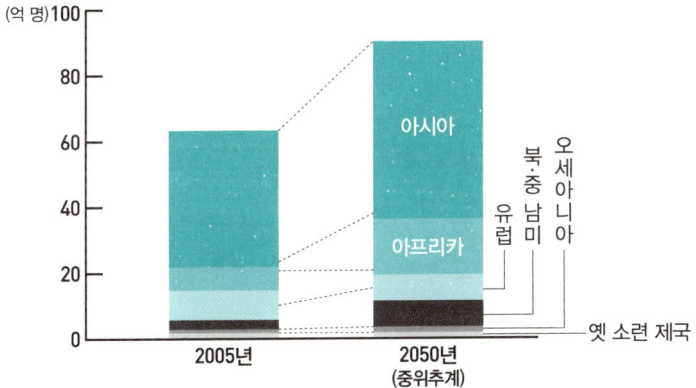

세계 인구의 지역별 구성 비율

인구 증가는 1억 6,000만 명이라는 인구를 떠안고 있는 파키스탄, 1억 4,000만 명에 가까운 인구를 떠안고 있는 방글라데시를 포함해 남아시아 국가 전체에 공통으로 적용되는 과제다. 남아시아 국가의 전체 인구는 2050년 24억 명으로 늘어나 '세계 인구 4명 중 1명이 남아시아 사람'인 시대가 열릴 것이다.

해 오만은 인구가 7.9% 더 늘어났다.[28] 지금의 선진국들에서는 대략 3% 정도의 인구만이 증가할 뿐이다. 세계 인구는 아시아, 아프리카, 라틴 아메리카 덕(?)에 2025년이면 약 80억 명을 넘어설 것으로 보인다. 필자의 예측으로는, 2100년이면 세계 인구가 140억에 이를 가능성이 크다. 인구의 증가는 시장의 증가와 문화적 소비력의 증가를 불러와서 세계의 관심과 집중을 모으기에 유리한 조건을 제공한다. 그래서 인구 분포가 사회변화의 핵심 원동력으로 작용하는 것이다.[29]

2009년 다보스 포럼(WEF: World Economic Forum)에서 아시아는 금융위기 이후 세계에 대한 논의의 핵심축으로 등장했다. 2020년 이후 세계의 소비시장은 이전보다 더 빠른 속도로 서양에서 동양으로 이동할 것으로 예측된다. 과거 세계화 과정과는 반대로 아시아를 중심으로 하는 신흥시장 기업이 선진시장에서 자산과 주식을 사들이는 현상, 즉 반대 방향의 세계화 리버스 글로벌라이제이션(Reverse Globalization)이 진행될 것이다. 아시아를 중심으로 하는 신흥시장과 미국과 유럽을 중심으로 하는 선진시장 간 역학 관계가 역전될 것이다.

서구기업들은 1997~1998년 아시아 경제가 극심한 외환위기를 겪을 때 알짜 아시아 기업들을 헐값으로 사들인 뒤 아시아 경제가 회

---

28 《헤럴드경제》, '올 세계인구 71억 명 돌파', 2013. 10. 31.
29 니혼게이자이신문사, 《인구가 세계를 바꾼다》, 가나북스, 2008.

복된 이후 비싼 값에 되팔았다. 그러면서 신흥시장에 대한 서양의 지배력을 강화했다. 하지만 최근에는 정반대 상황이 펼쳐지고 있다. 세계적 금융위기를 기점으로 신흥시장 기업들이 선진시장에서 자산과 주식을 사들이고 있다. 중국은 국유기업으로 국내 최대 농식품 회사인 중량(中粮)그룹(COFCO)을 앞세워 세계적인 곡물 거래 회사를 잇달아 인수했다. 이뿐 아니라 중국 육가공 업체 쐉후이(雙匯)그룹은 미국 최대 돼지고기 가공업체인 스미스필드 푸드를 47억 달러(약 5조 원)에 인수했다. 광밍(光明)그룹(브라이트 푸드)은 2012년 영국 최대 식품회사이자 시리얼 제조업체인 위타빅스 푸드를 사들였다.[30] 레노버는 구글로부터 스마트폰 사업부문인 모토로라 모빌리티를 사들였다. 레노버는 중국 휴대전화 시장에서 2위를 달리는 기업이다. 레노버는 2004년 12월 IBM의 PC(개인용컴퓨터) 사업부를 17억 5,000만 달러에 인수한 뒤 미국 시장을 장악하며 현재 세계 최대 컴퓨터 제조업체로 떠오른 기업이다. 미국의 알짜배기 부동산도 중국 손으로 넘어가고 있다. 중국 부동산 투자회사 상하이 그린랜드 그룹은 로스앤젤레스 다운타운 인근 땅 15만 3,300m^2(4만 6,000여 평)를 사들였다. 이곳은 로스앤젤레스 다운타운에서 노른자위로 꼽히는 스테이플스 센터, LA 라이브와 가까운 곳이다.[31]

이것은 아시아가 서양에 대한 지배력을 강화할 수 있는 여건 중

---

[30] 〈국민일보〉, '식량 안보 확보…세계 식품기업 사냥 나선 중국', 2014. 4. 5.
[31] 〈세계일보〉, '세계적 브랜드 기술력 한번에…中, 미기업 사냥 나섰다', 2014. 2. 19.

하나를 얻었다는 것을 의미한다. 세계 경제·정치권력의 균형이 미국과 유럽을 중심으로 하는 서양에서 아시아를 중심으로 하는 신흥시장으로 이동하는 속도가 빨라질 수 있는 계기가 마련된 것이다.

같은 맥락에서 과거 세계화 과정이 서구화(Westernization)였던 것과 달리 앞으로 세계화 과정은 아시아가 주도할 것이다. 이미 '아시아나이제이션(Asianization)'이라는 용어가 공식적으로 세계적 모임에서 거론되었다. 2009년 다보스 포럼에서 세계적 유력 지도자들은 그동안 세계화가 서구경제 주도로 이뤄진 서구화(Westernization)의 모습이었다면 앞으로 글로벌라이제이션은 아시아 국가가 주도하는 아시아화(Asianization)가 될 것이라고 공식적으로 내다봤다.

세 번째 요인은 부의 창출 공간의 변화다. 제3의 부의 창출 시스템 효과와 인구 분포의 힘이 상호작용을 하면서 빠른 속도로 아시아를 미래사회의 부의 공간으로 탈바꿈시키고 있다. 지금부터 5세기 전에는 중국의 기술이 가장 발달해서, 아시아가 전 세계 경제적 산출 중 측정 가능한 부분의 65%를 차지했고, 1405년 2만 7,000명의 선원과 병사를 태운 317척의 중국함대가 7회(30년)에 걸쳐 동남아시아에서 아프리카에 이르는 원정을 할 정도로 강력한 영향력을 세계에 떨쳤다.

이후 2세기 반이 지난 후, 초기 산업혁명이 일어나면서 경제·정치·군사적 힘의 중심이 유럽으로 이전되었다. 그 후 19세기 말이 되면서 부의 창출 중심은 서쪽의 미국으로 향했고, 두 번의 세계대전을 겪으면서 유럽의 경제적 우위는 마침표를 찍고 말았다. 그리고 최근 일어난 세계적 금융위기를 시점으로 세계의 축이 아시아로 움직이고 있다.

아시아를 향한 부의 이동은 처음에는 일본으로, 그 후에는 한국과 같은 신흥 공업국으로, 현재는 중국과 인도로 이동 중이다. 2003년은 아시아에 매우 중요한 해였다. 일본과 인도를 제외하고도, 싱가포르·한국·대만·중국의 총 GDP가 유럽의 5대 경제 대국인 독일, 프랑스, 영국, 이탈리아, 스페인의 총계와 맞먹게 되었다. 일본과 인도를 포함하면 6개 아시아 국가의 총 GDP는 EU 25개국보다 3조 달러가 많으며, 이는 미국보다도 많은 액수였다. 미래학자들은 2050년이 되면 세계 인구의 절반 이상, 세계 경제의 약 40%, 세계 정보기술산업의 절반 이상, 세계 수준의 첨단 군사력이 아시아에 있을 것이라고 보고 있다.

결론적으로 예로부터 기술력, 인구, 문화적 영향력, 경제력, 군사력 등은 세계의 중심이 되기 위해 반드시 확보해야 하는 필수 요소였다. 5세기 전 중국이 그랬고, 산업시대의 영국, 2차 세계대전 이후 미국이 그랬다. 지금은 아시아를 중심으로 이런 요소가 다시 집결하고 있다.

이상이 아시아가 왜 미래 패권의 중심이 되는가에 관한 까닭에 관한 정리다. 땅이 이렇게 이동하고 있는데 어떻게 해야 할까? 답은 어렵지 않다. 아시아를 주목하고 아시아를 최대한 이용해야 한다. 지금 우리가 온몸으로 만나고 있는 상황이 '어떤 의미의 위험'인지 '어떤 의미의 기회'인지 계속 질문해야 한다. 스티븐 로치(Stephen S.

Roach)의 말이다.

아시아는 온갖 변화를 준비하고 있다. 세계의 다른 국가들이 던질 질문은 이런 변화에 어떻게 대처할 것이냐다. 미국과 유럽에서 중국에 대한 무역제재 압력이 높아지는 것처럼, 아시아의 성장에 대해 서구의 방해가 커질수록 아시아는 독자적인 길을 가기가 쉽다. 아시아가 내수를 통해 성장하든 수출을 통해 성장하든, 내일의 아시아는 무시할 수 없는 유력한 존재다.[32]

땅이 움직이고 있다

큰 흐름이 변하고 있다. 땅이 움직이고 있다. 땅이 움직이고 있는데 개별 주체가 영향받지 않을 수 없다. 바다의 흐름이 바뀌는데 그 위에 떠 있는 배가 영향받지 않을 수 없다. 세계의 지형이 변하고 있는데 한국이 영향을 받지 않을 수 없다. 한국이 변하면 한국인이란 개인도 영향을 받는다. 그러니 계속 질문해야 한다. 땅이 이동하는 방향이 어떠한지, 땅이 이동하는 속도는 어떠한지, 그 이동이 나에게는 어떤 영향을 주는지 말이다. 다음은 땅이 어떻게 움직이고 있는지를 하나의 시스템 구조로 표현한 그림이다.

---

32 스티븐 로치, 《넥스트 아시아》, 북돋음, 2010.

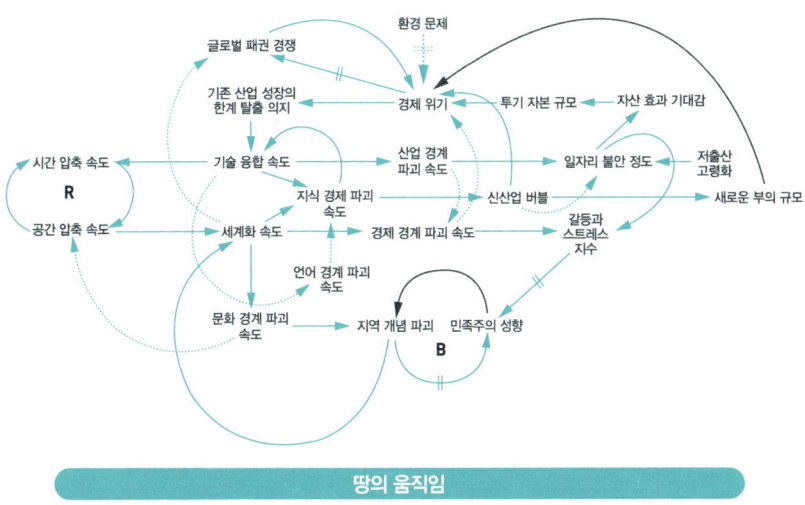

땅의 움직임

THE EXODUS
OF
OPPORTUNITY

2

과녁의 이동
: 과녁은 어떻게 움직이고 있는가

변화의 모습을 알아볼 수 있는 시선이 필요하다.
그래야 미래에 살 수 있다.

미래 생태계에서는 두 세대가 살아갈 것이다.
S세대와 베이비붐 세대.
S세대와 베이비붐 세대는 관심사 자체가 달라서
완전히 새로운 영역에서 활동하고 소비하는 세대다.
베이비붐 세대는 '마이너리티 리포트'나 '스타트렉'을
현실화하기 위해 개발해온 세대였다.
반면 S세대는 '마이너리티 리포트'나 '스타트렉'을
현실로 경험하고 있는 세대다.
이렇게 이질적인 두 세대가 하나의 생태계에서
만나고 부딪치면서 살아간다.

THE EXODUS
OF
OPPORTUNITY

'기회'는 혼자 움직이지 않는다. '기회'는 '위기'와 함께 움직인다. 기회만 다가왔으면 좋겠는데 현실은 그렇지 않다. 기회는 위기와 함께 움직일 뿐 아니라 기회보다는 위기가 먼저 다가온다. 그런데 곰곰 생각하면 기회보다 위기가 먼저 오는 것이 당연한 순서다. 왜냐하면 새로운 기회는 새로운 위기 때문에 만들어지기 때문이다. 기존 상황의 한계 때문이든 다른 이유 때문이든 기존 상황을 위협하는 위기가 발생해 기존 상황과는 다른 상황이 생겨야 새로운 기회가 만들어진다.

그런데 위기든 기회든 그것을 볼 수 있는 눈이 있어야 보인다. 무엇이든 그것을 볼 수 있는 눈이 없으면 볼 수 없다. 기회와 위기를 볼 수 있는 눈이 있어야 한다. 기회와 위기를 놓치지 않고 보려면 위기와 기회의 함수관계를 알고 있어야 한다. 기회를 보겠다고 애를 쓰면서도 위기를 보려는 노력을 하지 않으면 기회는 쉽게 보이지 않는다. 기회를 잡으려면 무엇보다 위기의 이동을 주시해야 한다. 그런데 기회가 은밀하게 움직이는 것에 비해 위기는 공개적으로 움직인다. 잘 보이지 않는 기회를 애써 들여다보는 것도 중요하지만, 보이는 것을 놓치지 않는 것이 더욱 중요하다. 위기의 이동 경로를 추적하면 위기와 함께 움직이는 기회를 잡을 수 있다.

관점을 바꾼다는 것은 매우 중요하다. 미래를 보는 관점도 마찬가지다. 미래가 어떻게 만들어지는가를 알고 마인드 셋(mind set)을 바꾸는 것만으로도 깜깜하고 막막하기만 하고 보이지 않던 미래의 모습을 볼 수 있다. 흔히 미래를 알 수 없는 것으로 생각한다. 말 그대로 카오스(Chaos)라고 생각한다. 그런데 카오스와 콤플렉스 시스템(complex system)은 다르다. 카오스에서 질서를 발견하면 그것을 콤플렉스 시스템이라고 한다. 이처럼 카오스는 무질서가 아니라 아직 질서가 발견되지 않은 거대한 문제다. 그 질서를 찾으면 콤플렉스 시스템이 된다.

미래는 혼돈으로 보이나 어떻게 만들어갈지 원리를 발견할 수 있다. 미래는 분명 미지의 영역이지만 또 분명 물리적 영역에 있다. 그래서 물리적 법칙의 영향을 받는다. 더욱이 미래는 사람이, 사람의 선택이 만든다. 그리고 그 선택에는 적용되는 법칙이 있다. 위기와 기회의 이동도 마찬가지다. 원리를 먼저 이해하고 현상을 해석하는 눈을 갖추면 통찰(insight)을 얻을 수 있다.

끊임없이 움직이는 S세대를 주목하라

S세대란 '싱글(Single)'과 '솔로(Solo)'의 이니셜인 'S'와 세대(generation)를 결합해 만든 신조어로, '쿨(cool)'하게 살기를 선망하는 젊은 세대다. 자기관리가 철저하고 취미생활도 전문적이며, 자기애도 강하다. S세대는 취업난과 양극화 속에 생존(survival)을 위해 힘겨운 싸움을 벌이는(struggle), 그러면서도 모태 디지털세대라 불릴 만큼 인터넷과 SNS를 자유자재로 활용하는 스마트(smart)한 세대라는 특징을 가진다.

S세대는 V세대와도 일맥상통한다. V세대는 용감하고(valiant), 다양하며(various), 생기발랄(vivid)한 2010년대 젊은이들을 말하며, 이는 1990년대 X세대(X-Generation), 2000년대 Y세대(Y-Generation)에 이어 2010년대 젊은이들에게 붙여진 별칭이다. V세대는 한국 경제의 도약기를 거치면서 경제적으로 풍요로운 유년기를 보냈고, 물질적으로 풍요로운 가정에서 부모들의 전폭적인 사랑과 투자를 받아 구김살이 없다. 이들은 주로 1988년을 전후로 태어났으며, 서울올림픽 때 태어난 세대답게 개성이 있고 자신감이 강하다는 특성이 있다. 또한 비교적 어린 나이에 인터넷 문화와 글로벌화를 접하면서 성장해 디지털 기기를 잘 다루고 글로벌 환경에도 잘 적응한다. S세대는 1980년대에 태어나 최대한 풍요롭게 어린 시절을 보낸 세대로 1990년대에 세상이 바뀌어 경제적 불황이 계속되자 슬럼프(slump)에 빠진 젊은 세대를 뜻하기도 한다.

S세대는 일찍부터 스마트폰을 쓴다. 이들에게는 가상공간이 매우 중요한 의미를 가진다. 이들은 기술과 자신을 하나로 보며, 기술이 순간의 행복을 지배하고, 가상공간에 접속하고 있는 것을 중요하게 여긴다. 이들에게는 가상현실과 현실, 즉 사이버공간과 실제공간에서 사귄 친구 사이에 다름이 없다. 개방적이고 다중적인 관계망에 익숙하다. 트위터나 페이스북 같은 SNS에서 사귄 알지도 못하는 수백 수천 명의 친구가 무슨 의미가 있느냐고 기성세대는 따져 묻지만, 이들에게는 그런 걸 따지는 것 자체가 무의미하다. 마치 무언가에 접속하는 것처럼 친구 관계도 접속했다 떨어지는 것이 이들에게는 자연스러운 일이다.

S세대의 이러한 특징은 관계망에도 적용된다. 그들의 관계망에서는 모든 참여자가 평등하다. 누구나 주목받는 스타가 될 수 있다. 그래서 바로 자신이 스타가 되기 위해 노력한다. 트윗하거나 리트윗할 만한 이야기와 사건을 찾아 올린다. 때로 관심을 집중시키기 위해 엽기적이거나 자극적인 장면을 올리기도 한다. 이렇게 S세대는 자신이 가상공간 안에서 스타로 발돋움할 수 있는 특색을 스스로 만든다.

S세대는 정보를 찾을 때 실용적 지식을 우선한다. 노하우(know-how)와 노웨이(know-way)에 관심을 갖는다. 진리나 도덕성보다 실용정보나 능력, 스펙을 우선한다. 타인에 대한 의식보다는 자신의 내면의 목소리, 표현의 자유를 중요한 행동 근거로 삼는다. 깊은 사색보다는 감각적으로 판단하고, 표출에 집중하게 된다. S세대는 탈

권위적이다. 윤리와 관련해 상대적으로 재해석하는 경향이 있다. 자신에게 맞는, 자신 입장에서의 윤리를 찾는다. 가시성, 가벼움, 즐거움, 나르시시즘에 집착하고 의미보다는 이야기에 집중한다.

S세대에게는 경계 자체가 없다. S세대는 현실도 컴퓨터 게임처럼 '리셋'하고 다시 시작할 수 있을 것으로 여긴다. 소위 '리셋 증후군'을 앓고 있다. 리셋 증후군은 지난 1997년 5월 말 일본에서 컴퓨터 게임에 빠진 청소년이 토막살인을 하면서 생겨난 말이다.[1] 사실 그들은 경계 없이 태어나고 성장한다. 국경과 문화의 경계가 그들에게는 처음부터 없다. 그들에게는 경계가 있다는 것 자체가 이상한 일이다. 이동성이 그 어느 세대보다 확대되고 있다. 디지털 네트워크를 비롯한 신기술과 새로운 교통수단이 S세대의 이동성을 강화하고 경계를 허물고 있다. 가상공간에서 S세대는 아무런 제약 없이 이동한다. 가상공간과 실제공간의 구분과 경계가 이전 세대에 비해 별 의미가 없는 S세대에게는 국경과 같은 지역적 경계 또한 별 의미가 없다. 미래학자들은 나우웨리언(nowherian)을 말한다. 해석하면 '지금여기주의자' 정도가 될 것이다. 지금 있는 곳이 국가이고, 있는 곳에서 정체성이 만들어진다. 바로 이것이 S세대의 특징이다.

---

1 〈OSEN〉, '리셋증후군, 현실과 가상공간 혼돈…심하면 살인까지', 2014. 3. 10.

새로운 유목민, 베이비붐 세대를 주목하라

S세대와 더불어 주목해야 할 세대가 있다. 바로 베이비붐 세대다. 고령사회, 100세 인생이 시작되면서 크게 주목을 받게 된 세대다. 앞으로 평균수명은 100세를 넘어 120세까지 높아질 것이다. 과학자들은 150세까지도 가능하다고 말한다. 이렇게 삶의 기간이 길어지면 어떤 일이 벌어질까? 전반부 인생을 끝낸 베이비붐 세대는 후반부 인생을 시작할 때 또다시 청소년기를 맞이하는 것과 같은 경험을 하게 될 것이다. 육체적으로 청소년기를 맞이한다는 의미가 아니다. 정신 연령이 낮아진다는 의미도 아니다. 청소년기의 정신적 방황 상황을 다시 경험하게 된다는 의미다. 반항하는 사춘기적 특색이 나타난다는 의미다.

베이비붐 세대의 두 번째 청소년기 경험에 관해 이야기하기 전에 도대체 청소년기가 되면 왜 반항하고 방황하는지에 대해 먼저 생각해보자. 청소년기에는 무엇이든 왜 일단 거부하고 화부터 낼까? 전두엽 때문이다. 바로 청소년기에 전두엽이 완성된다. 그래서 청소년기에 데카르트적 회의를 시작하는 것이다. 모든 것을 의심한다. 어제까지만 해도 아무런 의심 없이 믿었던 엄마, 아빠, 선생님의 이야기를 의심하기 시작한다. 그 전에 스펀지처럼 받아들였던 진리에 의심이 생긴다. 이렇게 무엇이 참이고 진리인지 스스로 판단하는 정신적 작용이 일어나는 시기가 청소년기다. 데카르트적 의식의 혼란을 겪으면서 내가 진짜 누구인지 앞으로 무엇을 하면서 살아야 하는지 스스로 생각한다. 꿈에 대해서도 마찬가지다. 그 전까지 자신이 품고 있던 꿈은 부모가 주입한 것임을 깨닫는다.

이와 비슷한 현상을 인생의 후반기를 맞는 베이비붐 세대가 경험한다. 도대체 무엇일까? 이미 베이비붐 세대의 은퇴가 시작되었다. 1차와 2차로 구분되는 베이비붐 세대의 막내는 1969년생 혹은 1970년생이다. 그쯤 산아제한이 본격적으로 시작되었다. 1차와 2차를 합하면 1,640만 명이나 된다. 누가 뭐라고 해도 지금 가장 열심히 일해온 세대다. 열심히 일한 세대니 좀 편히 쉬거나 놀아도 좋을 것 같은데 상황이 그렇지 않다. 지금까지 일해온 것보다 더 열심히 일해야만 살아갈 수 있는 상황이다. 국가의 보장을 기대할 수도 없는 형편이다. 지금의 60대는 혜택을 보고 있다. 연금도 받고 있다. 그러나 40대는 아무것도 받지 못할 가능성이 크다.

사실 지금의 40~50대는 항상 새로운 기술을 받아들이며 살아온 세대이자 미래기술을 개발해온 세대다. 한국이 지금의 위치에 이르기까지 죽어라 일을 해온 세대다. 그런데 정작 자신은 혜택을 보지 못한다. 산업화 과정을 이끌어온 중심 세대의 막내인 40~50대는 OECD 국가 중 2등으로 일을 많이 하는 국가보다 두 배로 열심히 일했다. 앞 세대가 몸으로 열심히 일했다고 하면 40대는 몸뿐 아니라 머리까지 쓰면서 두 배로 일했다. 어느 세대보다 그 혜택을 봐야 하는데 전혀 혜택이 없다. 앞 세대는 갑자기 팽창하면서 한편으로는 부의 기회가 안정적으로 있었다. 1차 베이비붐 세대가 2차 베이비붐 세대보다 부의 기회가 훨씬 많았다. 2차 베이비붐 세대 특히 막내들은 이후 세대와 이전 세대 사이에 낀 세대로 위치하면서 계속 손해만 봐왔다.

이런 상황에서 은퇴하고 인생의 후반부 50년을 다시 시작해야 하는 처지이니 제2의 청소년기를 겪을 수밖에 없다. 내가 누군지, 무얼 하고 살았는지 내게 주어진 새로운 책임은 무엇이고 내게 정말 가치 있는 건 무엇인지, 무얼 하고 살아야 하는지에 대해 고민할 수밖에 없다. 지난 30년간 직접 경험하며 옳다고 믿었던 것이 정말 맞는지 심각한 고민에 직면한다.

두 세대의 충돌과 융합

20년 전에도 청소년은 늘 새로운 세대였다. 20년 전에도 은퇴세대는 늘 은퇴 상황을 만났다. 세월이 지나고 상황이 변해도 변하지 않는 것들이 있는가 하면 전혀 다른 모습으로 변하는 것들도 있다. 예전에는 은퇴하면 좀 쉬어도 되겠다며 자녀가 자신을 부양할 것으로 생각했다. 그런데 지금 은퇴하는 세대는 스스로를 직접 챙기고 걱정해야 한다. '뭐 해 먹고 살지, 집 하나밖에 없는데 이것으로 해결이 안 될 텐데.' 걱정이 끊이지 않는다.

앞서 현재 일어나고 있는 변화는 '판'이 움직이는 변화라고 했다. 땅 자체가 움직이는 변화, 그것도 너무 급격하게 바뀌어서 종잡을 수 없는 변화라고 말이다. 이런 상황에서 개인이 할 수 있는 일은 많지 않다. 그렇다고 할 수 있는 게 전혀 없다는 의미는 아니다. 변화의 방향과 속도를 예측하고 먼저 움직이면 해결책을 찾을 수 있다.

지금 40대는 태어날 때부터 TV가 있었다. 그 윗세대는 TV가 중간에 끼어들었다. 그들에게는 TV가 낯설고 새로운 것이었다. 그것과 똑같은 충격이 스마트폰이다. 10~20대에게는 당연한데, 30~40대에게는 새롭게 적응해야 하는 '무엇'이다. 50~60대가 10~20대의 감성이나 기술에 적응할 능력은 30~40대의 10분의 1도 안 된다. 물론 50대 중에도 10~20대처럼 스마트폰을 사용하는 이들이 있다. 하지만 전반적으로 보면 절대 좁힐 수 없는 간격이 존재한다.

베이비붐 세대와 지금 세대의 간격은 새로운 제품에 대한 익숙도가 아니라 기술이 발전할 때 형성되는 틀의 차이를 보인다. 기존의 기술은 몸 밖에 있는 기술이었다. 몸 밖에서 놓고 본다. TV가 대표적이다. 베이비붐 세대(2차)만 해도 인사이드 기술이다. 기술을 자신의 몸에 적용한다. 스마트폰이나 웨어러블 같은 것이다. 앞으로 몸 안으로 체화되는 기술들이 계속 나올 것이다. 2차 베이비붐 세대는 이미 그것을 경험한 세대다. 그러니 수용도가 있다.

MIT 사회심리학과 교수 셰리 터클(Sherry Turkle)은 《외로워지는 사람들(Alone together)》에서 '라이프(life)'와 함께 '라이프 믹스(life-Mix)'라는 개념을 사용한다.[2] 라이프는 실제공간에서의 삶만을 가리키는데 반해, 라이프 믹스는 실제공간과 가상공간의 삶 모두를 가리킨

---

[2] 셰리 터클, 《외로워지는 사람들》, 청림출판, 2012.

다. 40대 저자에게는 '라이프 믹스'라는 단어가 지금의 여러 상황을 이해하는 데 유용한 도구가 될 것이다. 그런데 그의 학생인 20대에게도 그럴까?

페이스북을 생각해보자. 셰리 터클이 책에서도 다루고 있는 내용이다. 40대와 20대에게 페이스북은 어떤 의미일까? 대다수 40대에게 페이스북은 중요하기는 하지만 없어진다고 해도 크게 문제가 되지는 않는다. 하지만 20대에게 페이스북은 공기나 물과 같은 존재다. 없어진다는 것을 상상해본 적도 없지만 혹 없어진다면 보통의 사건이 아니다. 40대에게 페이스북은 '라이프'가 아니라 '라이프 믹스'다. 하지만 20대에게 페이스북은 '라이프 믹스'를 지나 이미 '라이프'다.

요즘 한국에서는 10대들이 '카카오 스토리'를 열심히 한다. '카스'에 남긴 말이 학교폭력위원회에 고발되기도 한다. 자기들끼리 주고받은 말이 증거가 되어 문제가 되는 일이 비일비재하다. 학교폭력이 물리적 폭력이 아니라 정신적 폭력으로 가고 있다. 그중 하나가 SNS를 통한 폭력이다. 이제는 그런 것을 내버려두지 않고 처벌하겠다는 것이다. 이전 세대는 이해하기 힘들 수도 있다. 인터넷에서 자기들끼리 떠든 것이 뭐 그리 중요하냐고 할 수 있다. 그런데 그들에게 인터넷은 인터넷이 아니다.

기술이 바뀌면 사람도 바뀐다. 미래 생태계에서는 두 세대가 살아갈 것이다. S세대와 베이비붐 세대다. S세대와 베이비붐 세대는 관심사 자체가 달라서 완전히 새로운 영역에서 활동하고 소비하는 세대다. 베이비붐 세대는 '마이너리티 리포트'나 '스타트렉'을 현실화하기 위해 개발해온 세대였다. 반면 S세대는 '마이너리티 리포트'나 '스타트렉'을 현실로 경험하고 있는 세대다. 이렇게 이질적인 두 세대가 하나의 생태계에서 만나고 부딪치면서 살아간다.

그런데 이렇게 이질적인 두 세대가 충돌하고 융합하는 과정에서 새로운 변화가 일어나고 새로운 기회가 만들어진다. '라이프'와 '라이프 믹스'가 충돌하고 융합하면서 이전과는 다른 새로운 생태계가 생겨나고 그곳에서 새로운 기회가 만들어진다.

1인 가구, 가족의 개념을 리셋하다

1인 가구가 빠르게 늘어나고 있다. 1990년만 해도 총가구의 9%에 불과했던 1인 가구가 2010년에는 23.9%로 크게 증가했다. 개인주의 확산과 가치관의 변화, 고령화로 인한 독거노인 증가, 경제적 자립도의 증가가 주된 이유다. 저출산·고령화·만혼 등의 영향으로 1인 가구가 2010년 414만 가구에서 2020년에는 588만 가구로 1.4배 늘어나고 1인 가구의 소비지출도 2010년 60조 원에서 2020년 120조 원으로 급증할 것이다.

산업연구원(KIET)이 발표한 '1인 가구 증가가 소비지출에 미치는 영향 분석' 보고서를 보면 전체 가구에서 1인 가구가 차지하는 비중은 2010년 24%에서 2020년 30%, 2030년에는 3분의 1인 33%에 달할 것이다. 20대 1인 가구는 2010년 78만 가구에서 2020년 98만 가구로 늘었다가 저출산 영향으로 2030년에는 82만 가구로 줄어들 것이다. 반면 60대 이상 1인 가구는 2010년 131만 가구에서 2020년 225만 가구, 2030년 345만 가구로 지속 증가하며, 전체 1인 가구에서 차지하는 비중이 2030년엔 48.6%에 달할 것으로 보인다.

우리나라 현재 가구 수는 대략 1,800만 정도다. 2025년에 1인 가구가 31.3%로 급격히 증가하면 그때의 가구 수는 적게 잡아도 대략 660만 가구다. 1년에 23만 가구가 1인 가구로 변한다는 얘기다. 통계청 발표로는 2035년 전국 모든 시도에서 1인 가구 수가 1위에 오르며, 전체 가구의 34.3%를 차지할 전망이다. 대표적인 가족의 형태였던 4인 가구가 붕괴하고 1인 가구가 빠르게 증가해 4인 가구를 기준으로 세워진 각종 정책의 변화가 불가피하다. 1인 가구 중심의 정책 변화 중 가장 중요한 것이 최저생계비 정책이다. 1인 가구는 고령화 사회의 특징이기도 하다. 21세기 초 저출산, 고령화가 전 세계적 이슈로 등장하고 있는 시점에 고령화 사회에 대한 대응 방향을 제시해야 한다.

1인 가구의 증가가 어떤 변화를 가져올지 생각해보자. 얼기설기 엮인 네트워크에 접속되어 있지만, 철저히 혼자인 외로운 사람들이 늘어나고 있다. 어떤 변화가 일어날까? 만혼과 혼인율 저하, 출산율 저하, 이혼율 증가 등 가족의 형태가 변화하고 있다. 이런 현상이 사회에 산업에 어떤 영향을 미칠까? 1인 가구 시대에 가장 심각한 사회문제는 무엇일까? 아주대학교 노명우 교수는 '고독한 사람들의 사회학'이란 부제를 달고 있는 《혼자 산다는 것에 대하여》라는 책에서 다음과 같이 적고 있다.

> 짝이 있는 사람이 보기에 싱글인 사람은 무엇인가 결여된 사람처럼 보인다. 대놓고 묻지는 못하지만, 혼자 사는 사람은 경제적이든 성격이든 혹은 성적 기능상의 문제이든 하자가 있을지도 모른다는 의심의 대상이 된다. 짝을 찾지 못한 자신을 동정의 눈빛으로 바라보는 시선이 느껴질 때 살며시 웃음을 지으며 "좋은 사람 있으면 소개시켜 달라"고 부탁이라도 한다면 싱글인 사람은 사랑으로 거두어야 할 측은한 이웃이다. 하지만 "내 인생 알아서 잘 챙길 테니, 참견은 삼가 달라"는 사나운 눈빛을 보내면 그 순간 짝이 없는 사람은 가련한 사람이 아니라 성질 괴팍한 괴물 취급을 받을 가능성이 크다.[3]

사실 혼자 산다는 것에 대해 시선이 그리 곱지 않다. 그런데 혼자 사는 것이 익숙해지면 시선은 많이 달라질 것이다. 그런데 그렇게 혼자인 것에 익숙해지다 보면 타인에 대한 무관심과 개인주의가 자연스레 증가할 것이다. 미국의 대표 철학자인 알폰소 링기스(Alphonso Lingis)는 현재 진행되고 있는 심각한 사회문제를 해결할 새로운 공동체를 제안하는 내용을 담은 책의 제목을 《아무것도 공유하지 않은 자들의 공동체(The Community of Those Who Have Nothing in

---

[3] 노명우, 《혼자 산다는 것에 대하여》, 사월의책, 2013.

Common)》라고 정했다. 오늘날 우리 사회가 겪고 있는 근본적 문제가 무엇인지 반성하고 합리적 해결책을 찾는 작업에 매우 유익한 내용을 담고 있다. 알폰소 링기스는 책의 제1장을 이렇게 끝맺는다.

> 합리적 공동체가 한창 작업하는 와중에 형성되는 공동체가 있는데 그것이 바로 아무것도 공유하지 않은 사람들의 공동체―죽음과 '죽어야 할 운명'을 제외하면 아무것도 공유하지 않은 사람들의 공동체―이다. 그렇다면 인간들을 서로 분리시키고 격리시키는 죽음은 공통죽음(common death)일까? 그리고 그런 죽음은 아무것도 아닌 무로서 분류될 수 있을까?[4]

앞으로 가족해체, 고소득과 저소득 가구의 양극화, 독거노인, 고독사 증가가 더욱 심각한 사회문제가 될 것이다. 우리나라보다 1인 가구 시대에 먼저 진입한 일본은 고독사가 심각한 사회문제가 된 지 이미 오래다. NHK는 무연사회 프로젝트 팀을 구성해 관련 문제를 추적해 보도하고 서적도 출간했다. 《무연사회》라는 제목으로 국내에도 번역 출간되었는데, 부제가 '혼자 살다 혼자 죽는 사회'다. 책의 첫 부분은 다음과 같다.

> 무연사회 일본. 이 취재가 시작된 것은 어느 '나홀로' 남성과의 만남

---

[4] 알폰소 링기스, 《아무것도 공유하지 않은 자들의 공동체》, 바다출판사, 2013.

이 계기가 되었다. 50세에 파견 일자리를 잃은 이 남성은 파견회사에서 기숙사로 제공했던 다가구주택에서 쫓겨나 보름 정도 사우나나 캡슐 호텔을 전전해가며 일자리를 알아봤지만 찾지 못하고 노숙 생활로 전락해 있었다. 2008년 리먼 쇼크 3개월 후 섣달의 일이었다. 남성은 도쿄 한가운데 신주쿠에 있는 공원 벤치에서 생활하게 되었다.[5]

낯선 풍경이 아니다. 슬프게도 이미 우리에게도 어느 정도 익숙해진 풍경이다. 앞으로 더욱 심각해질 것이다. 변화는 이런 모습만은 아닐 것이다. 1인 가구가 가파르게 증가하면서 도시는 미혼으로, 농촌은 노인으로 대변되는 현상이 지속될 것이다. 1인 가구의 증가는 맞벌이 부부 증가, 교육문제, 직장의 분산 등이 맞물려 사회구조를 변화시키고 있다. 이런 변화가 만들어낼 파급효과가 무엇인지 상상해보라. 우선 쉽게 눈에 보이는 변화를 놓치지 말아야 한다. 1인 가구가 급증하면서 소형가전, 소형주방용품 등에서 이들의 소비가 증가하고 있다. 분야별로 보면 2006~2012년 동안 1인 가구들은 오락문화내구재에서 27%, 장난감 취미용 24%, 영상음향기기 23%의 연평균 증가율을 보이고 있다.

모두가 쉽게 볼 수 있는 것에만 눈길을 고정해서는 안 된다. 좀 더 깊이 넓게 볼 수 있어야 한다. 생각해보라. 1인 가구가 전체 가구 구성에서 가장 중요한 위치를 갖게 되면 1인 가구 시대에 맞는 복

---

[5] NHK 무연사회 프로젝트 팀, 《무연사회》, 용오름, 2012.

지를 확대하기 위한 정책이 새롭게 만들어질 것이다. 1인 가구에 대한 사회적 편견을 깨뜨리는 일련의 일들이 진행될 것이다. 정치·사회 영역뿐 아니라 문학·문화 영역에서도 관련된 여러 일이 진행될 것이다. 드라마, 영화뿐 아니라 교양, 예능 영역에도 많은 변화가 일어날 것이다. 이뿐 아니다. 외로워지는 사람들을 위한 네트워크가 만들어질 것이다.

발생한 문제를 해결하는 데 초점을 둔 사회보장제도를 갖춘 사회, 혹은 그마저도 충분하지 않은 사회에서 1인 가구가 늘어나면 가족 해체와 히키코모리의 확산 그리고 무연사의 증대라는 우울한 시나리오를 피하기가 쉽지 않다. 반면 발생한 문제를 해결하려는 제도가 아니라, 개인의 자율성을 보장하기 위해 그것을 가능하게 할 수 있는 안전장치 보장을 목적으로 하는 사회제도를 갖춘 나라에서는 1인 가구가 늘어나도 사람들의 삶의 질은 결코 떨어지지 않는다. 1인 가구가 늘어나면서 무연사가 사회적 이슈로 등장한 초고령 사회 일본, 이와 유사한 초고령 사회이자 1인 가구 비중이 압도적으로 높지만 무연사가 이슈로 등장하지 않는 스웨덴. 그 둘 중 한국의 미래는 어떤 사회가 될 것인가?[6]

1인 가구가 늘어나고 있다. 이런 과정에서 새롭게 만들어지는 위험 요소가 많다. 또한 이런 과정에서 새롭게 만들어질 기회도 많다.

---

6 노명우, 《혼자 산다는 것에 대하여》, 사월의책, 2013.

원인이 같다고 해서 결과가 같은 것은 아니다. 정말 한국의 미래는 어떻게 펼쳐질까?

정보의 의미와 가치가 변하고 있다

지금은 말 그대로 네트워크 시대다. 인터넷 사용자가 20억 명이 넘었다. 가입된 휴대전화도 60억 개가 넘었다. 10억 개 이상의 수많은 하드웨어 장치들이 광대한 실시간 다중 네트워크 안에서 통신하면서 인간 활동의 모든 부분을 지원하고 있다. 사고방식과 정보, 기술이 수렴되어 이루어지는 새로운 형식의 문명이 세계 곳곳에서 나타난다. "2025년이 되면 사실상 여과되지 않은 정보에 접근하지 못했던 전 세계인 대부분이 손바닥에 쏙 들어가는 기기를 갖고서 온 세상의 모든 정보에 접속할 수 있게 될 것이다. 지금과 같은 속도로 기술혁신이 이루어진다면 그때는 약 80억 명에 이를 것으로 추정되는 세계 인구 대부분이 온라인에서 활동할 것이다."[7]

지금 우리가 접속하는 네트워크에는 엄청난 정보가 존재한다. 우리는 이미 빅데이터 시대를 살고 있다. 그런데 도대체 빅데이터가 무엇인가? 빅데이터(big data)는 데이터의 생성 양, 주기, 형식 등이 기존 데이터에 비해 너무 커 종래의 방법으로는 수집, 저장, 검색, 분

---

[7] 에릭 슈미트·제러드 코언, 《새로운 디지털 시대》, 알키, 2013.

석이 어려운 방대한 데이터를 말한다. 빅데이터는 각종 센서와 인터넷의 발달로 데이터가 늘어나면서 나타났다.

일부 학자들은 빅데이터를 통해 인류가 유사 이래 처음으로 인간 행동을 예측할 수 있는 세상이 열리고 있다고 주장하기도 한다. 컴퓨터 및 처리기술이 발달함에 따라 디지털 환경에서 생성되는 빅데이터와 이 데이터를 기반으로 분석할 경우 질병이나 사회현상의 변화에 관한 새로운 시각이나 법칙을 발견할 가능성이 커졌다. 미래 가치로서 데이터의 소중함에 대한 인식의 큰 전환이 필요하다. 첨단 디지털의 빅데이터 시대에 걸맞게 효율적으로 수집-보관-관리하는 시스템의 구축이 시급히 요청되고 있다.

빅데이터는 초대용량의 데이터 양(volume), 다양한 형태(variety), 빠른 생성 속도(velocity)라는 뜻에서 3V라고도 불린다.[8] 여기에 네 번째 특징으로 가치(value)를 더해 4V라고 정의하기도 한다. 빅데이터에서 가치(value)가 중요 특징으로 등장한 것은 엄청난 규모뿐 아니라 빅데이터 대부분이 비정형적인 텍스트와 이미지 등으로 이루어져 있고, 이러한 데이터들은 시간이 지나면서 매우 빠르게 전파하며 변하므로 그 전체를 파악하고 일정한 패턴을 발견하기가 어렵게 되면서 가치(value) 창출의 중요성이 강조되었기 때문이다.

단순한 검색엔진을 사용해 검색한다면, 검색어와 최종 검색 결과의 연결 경로는 사람의 지능에 달려 있다. 어떤 검색어를 사용하느

---

[8] 시로타 마코토, 《빅데이터의 충격》, 한빛미디어, 2013.

나에 따라 다른 결과가 나오기 때문에 모든 사람이 검색어로부터 추출한 답에 만족하지는 않을 것이다. 하지만 인공지능이 도입되면 검색은 진화할 것이다. 인공지능은 시간이 지남에 따라 사람들의 누적된 생각을 기반으로 검색 결과를 더욱 진화시킬 수 있다. 컴퓨터에 키보드 입력만으로 검색하는 시대는 지났다. 여러 가지 정보, 예를 들어 사용자의 사회적 그래프, 검색과 검색 기록, 이미지와 영상을 시청한 시간, 구매 기록, 심지어 선호하는 음악 등이 결합하면서 우리가 어떤 사람인지 분류해준다. 컴퓨터가 사람의 마음을 읽을 수는 없다. 하지만 사용하는 정보와 반응, 관심도와 정보 입력 결과를 주의 깊게 분석함으로써, 우리 마음이 다음에는 무엇을 원할지 예측해 그 정보를 더 정확하게 알려줄 수는 있다.

이전에는 과거의 행적에 불과하던 낱낱의 의미 없는 정보 조각들이 빅데이터라는 의미 덩어리가 되었다. 정보의 의미와 가치가 변했다. 지금은 의미 없는 정보가 사라진 시대라고 해도 지나치지 않을 것이다. 모든 정보가 나름의 의미를 가질 뿐 아니라 빅데이터로 모이면서 또 다른 의미를 만들어내는 세상이다.

이미 여러 곳에서 빅데이터를 활용하고 있다. 물론 가장 활발한 곳은 기업이다. 검색엔진과 전자상거래 기업은 말 그대로 방대한(big) 고객 정보를 분석해 다양한 마케팅 활동을 하고 있다. 구글의 자동번역 시스템, 아마존의 도서 추천 시스템은 소비자에게도 이미 친숙해진 빅데이터 활용의 사례다. 구글의 자동번역 시스템은 컴퓨터에 문법을 가르치지 않고 사람이 이미 번역한 수억 개의 문서에서 패턴을 조사해 언어 간 번역 규칙을 스스로 발견하도록 한다. 문법은 예외가 많은 규칙이므로 참고할 문서가 많으면 많을수록 번역이 잘될 가능성이 크다. 아마존은 고객의 도서 구매 정보를 분석해 특정 책을 구매한 사람이 추가로 구매할 것으로 예상하는 도서를 추천하면서 할인쿠폰을 지급한다. 말 그대로 빅데이터를 기반으로 하는 마케팅 활동이다.

공공 부문도 위험관리 시스템, 탈세 등 부정행위 방지에 빅데이터를 활용하기 위해 다양한 노력을 하고 있다. 미국 국세청은 빅데이터를 활용한 탈세 및 사기 범죄 예방 시스템을 구축했다. 방대한 자료로부터 이상 징후를 찾아내고 예측 모델링을 통해 과거의 행동 정보를 분석해 사기 패턴과 유사한 행동을 검출해낸다. 또한 소셜 네트워크 분석을 통해 범죄 네트워크도 찾아내고 있다. 계좌, 주소, 전화번호, 납세자 간의 연관관계를 분석하고, 페이스북이나 트위터를 통해 범죄자와 관련된 소셜 네트워크를 분석해 범죄자 집단에 대한 감시 시스템을 마련했다. 이를 통해 연간 3,450억 달러에 달하는 세금 누락 및 불필요한 세금 환급을 절감하고 있다.

일본은 센서데이터를 활용한 지능형 교통안내 시스템을 구축했다. 교통상황과 관련된 데이터를 종합 분석해 실시간으로 출발지에서 목적지까지의 최적 경로를 안내한다. 택시 및 정보 제공에 동의한 내비게이터 사용자로부터 얻은 교통 정보를 이용하고 있다. GPS로부터 자동차의 주행 속도를 계산해 교통 정보를 수집한다. 이로써 교통체증이 가져오는 불필요한 에너지 낭비를 방지해 에너지 효율을 증대하고 있다.

　월마트는 웹사이트에서 발생하는 거래 데이터를 이용한 재고 예측 조사 시스템을 마련해 운영 중이다. 소셜 미디어로 고객 소비 패턴을 분석함으로써 유통 효율성을 제고한다. 시시각각 변화하는 소비자의 패턴을 분석해 적재적소에 필요한 물품을 빠르게 제공함으로써 불필요한 재고 낭비를 방지하고, 고객이 원하는 물품을 충분히 공급할 수 있기 때문에 점포당 고객 만족도 향상으로 이어져 기업 발전에 선순환적인 역할을 하고 있다.

　패스트 패션을 지향하는 패션 브랜드 자라(Zara)도 빅데이터를 활용하고 있다. 빠르게 변화하는 패션 트렌드를 포착해 신속하고 저렴하게 의류를 제공하기 위한 시스템을 구축했다. 전 세계 400여 개 도시에 진출한 각 매장의 판매 및 재고 데이터를 실시간으로 수집 분석해 최대 매출을 달성할 수 있는 재고 최적 분배 시스템을 개발 운영하고 있다. 스페인에 있는 두 개의 물류창고에서 주 2회, 세계 각국에 있는 1,500개의 점포로 직송하는 공급망을 구축했다. 점포 매니저가 요구하는 보충 수량, 과거 매상실적, 점포 진열 방침을 고려해 각 점포의 다음 주 매상을 예측하고, 다음 주 매상 예측을 근거로 전 점포의 매상이 최대가 되도록 물류창고에서 각 점포로 상품별 출하량을 산출한다. 이렇게 고객의 니즈(needs)를 실시간으로 반영함으로써 불필요한 재고의 효율적 분배가 가능해졌다.

　이처럼 이미 웹은 사용자가 사이트에 올린 내용을 보여주기만 하는 시스템인 웹2.0에서 진보해, 웹3.0에서는 저장된 정보의 의미에 대한 지식을 가지고 정보가 필요한 이유를 분별할 수 있게 되었다. 컴퓨터와 네트워크의 발전은 개인적인 자선활동에서부터 조직적인 범죄에 이르기까지 폭넓은 인간행동을 반영하는 의식과 기술의 연속체를 만들고 있다. 데이비드 와인버거(David Weinberger)의 이야기가 현실이 된 지 오래다.

지금 당신이 무언가를 알고 싶다면 온라인으로 가면 된다. 또한 당신이 배운 것을 다른 사람들에게 널리 알리고 싶다면 그때도 온라인으로 가면 된다. 종이는 앞으로도 오랫동안 우리와 같이 있겠지만 그 영향력은 점점 줄어들 것이다. 대신 이제 새로운, 연결된 디지털 매체의 영향력은 더욱더 커질 것이다. 그러나 이것이 단순히 사각형 모양의 책 내지를 스크린 위에 띄워 보여주는 기술적 변화만을 의미하는 건 아니다. 이것은 우리가 가진 가장 오래되고 가장 기본적인 지식의 전략이 변화하고 있음을 의미한다. 이는 지식의 연결화, 즉 네트워크화를 말한다.[9]

컴퓨터 네트워크에 의해 형성되는 가상공간은 상업적인 경쟁, 사상적인 적들, 정부 및 극단주의자들이 허위정보를 퍼뜨리는 새로운 수단이 되고, 사이버 범죄자와 사법기관의 전쟁터가 되기도 한다. 지식을 탐구하는 이들에게는 전 세계에 퍼져 있는 자료들에 접근

---

[9] 데이비드 와인버거, 《지식의 미래》, 리더스북, 2014.

할 수 있게 해주는 지식 인프라가 소수에게만 접근이 허용되는 지식 인프라보다 분명 더 좋은 것으로 여겨질 것이다. 그러나 인프라의 확대가 장밋빛 미래만 약속하는 것은 아니다. 지식의 양이 많아진 만큼 예전보다 훨씬 더 많은 '거짓들(untruths)'을 접하게 될 가능성 또한 커졌기 때문이다. "인터넷은 지식 체계 생성에 필요한 것을 가지고 있지 않다. 인터넷에는 어떤 것을 집어넣고 뺄 것인지를 결정할 수 있는 편집자나 큐레이터가 없다. 인터넷은 모든 사람이 큐레이터이고, 모든 것이 연결되어 있을 때 얻어지는 결과물이다"[10]라는 데이비드 와인버거의 정리는 인터넷의 양면성을 잘 지적하고 있다.

이제 지식은 인터넷의 모양을 띠고 있다. 우리가 직접 만든 모든 커뮤니케이션 네트워크들 중에서 인터넷이 가장 번잡하다. 인터넷은 모든 범위에서 작동한다. 또한 인터넷의 온라인 지수는 지금 가정용 컴퓨터에 비해 그 처리 능력이 절반에도 미치지 못하는 하드드라이브가 최첨단이던 시대에도 작동했으며, 1조 개의 웹페이지가 있는 현재에도 잘 작동한다. (…) 인터넷이 수용할 수 있는 콘텐츠의 용량에는 사실상 제한이 없다. 콘텐츠 사이의 관계를 사전에 거르기 위해서 우리가 만들 수 있는 링크의 숫자도 마찬가지다. 이제 우리는 16개 식품에 대한 16개의 칼로리 정보가 '전업주부들'에게 너무 끔찍하게 여겨졌던 시절로 돌아가기를 원하지 않는다. 대신 보다 자연스럽게 정보 과

---

10 데이비드 와인버거, 《지식의 미래》, 리더스북, 2014.

부하를 맞이할 수 있게 되었다. 우리는 마침내 모든 지식을 수용할 수 있을 만큼 충분히 큰 매체를 갖게 되었다. (…) 물론 인터넷은 지식을 억지로 집어넣어야 하는 테두리가 없기 때문에 그토록 커질 수 있다. 테두리가 없다는 건 정해진 모양이 없다는 뜻이다. 그리고 모양이 없다는 건 네트워크화된 지식에 우리가 오랫동안 지식이 필수적으로 갖추어야 한다고 간주해온 '기초'가 부족하다는 걸 뜻한다.[11]

인터넷은 우리에게 다양한 기회와 모델을 동시에 제공한다. 인터넷은 '다른 것'을 접하거나 그것과의 교류를 막는 장애물을 줄여준다. 만약 장애물이 남아 있다면 그것은 기술적 장애물이 아니라 우리 스스로가 만든 심리적 장애물일 가능성이 크다. 인터넷의 발달로 인해 우리는 차이를 포용하지 않기 위해 둘러댔던 모든 변명의 근거를 상실했다.

무선 전송을 기반으로 한 인터넷이 외딴 지역에 설치되고 있다. 인터넷에 연결되는 휴대전화가 저소득층을 위해서 교육과 업무용으로 설계된다. 그리고 가장 가난한 20억 명의 사람들이 발전된 문명의 신경체계에 연결될 수 있도록 해주는 혁신적인 프로그램도 만들어지고 있다. 소셜 네트워크 서비스들은 '아랍의 봄'에서 볼 수 있었던 것처럼, 수억 명의 회원들을 새로운 종류의 인맥으로 연결하고 정치의식과 대중의 힘 키우기에 박차를 가하고 있다. 이런 의미

---

[11] 데이비드 와인버거, 《지식의 미래》, 리더스북, 2014.

에서 지그문트 바우만의 다음 이야기에 동의한다.

> 정보는 전자기기를 플러그에 꽂기만 하면 즉각적으로 전파된다. 전자매체를 무시하고 정보를 교환하려면 지역공동체는 정보와 수집과 교환을 위해 정통매체에 의존해야 하는데, 정통매체는 전파속도에 '자연적인 한계'가 있고 안 그래도 높은 비용은 점점 (적어도 전자매체와 비교해서) 증가하고 있다. 이러한 상황은 장소의 가치절하라는 결과를 낳는다. 비가상적 소통이 일어나는 물리적, 비가상적 공간은 본질적으로 지역 외적인 가상공간에서 만들어진 정보가 배달되고 흡수되고 재활용되는 장소일 뿐이다. 가상공간에 접근하는 비용이 지역 내 전화요금과 같아지면서 공동체의 자율성은 종말을 고했다. 적어도 상징적으로는 공동체의 자율성은 매장되었다. 심지어 유선통신망과 플러그로부터 독립된 휴대전화는 물리적 근접성이 정신적인 동질성을 가져온다는 주장에 최후에 일격을 가했다.[12]

새로운 커뮤니케이션, 커뮤니케이션 산업을 리셋하다

커뮤니케이션 방법의 변화로 인해 새로운 커뮤니케이션 산업이 등장할 것이다. 지금까지 커뮤니케이션 산업의 왕좌는 유무선 전화

---

[12] 지그문트 바우만, 《방황하는 개인들의 사회》, 봄아필, 2013.

산업이 차지하고 있었다. 그런데 왕좌의 주인이 바뀌고 있다. 유무선 전화산업의 규모는 점점 줄어들고 있다. 상황이 이렇게 변화하고 있는데 이전처럼 앞으로도 KT나 SKT 등 거대 통신기업이 유무선 전화 서비스를 주력사업으로 이어간다면 어떻게 될까? 아마도 머지않아 생존을 걱정해야 하는 상황을 맞이하게 될 것이다. 전화산업의 핵심은 인구다. 인구가 줄어들면 규모가 함께 줄어들 수밖에 없다. 다른 산업이야 국외로 진출해 돌파구를 마련할 수도 있지만, 전화산업은 그것이 쉽지 않다. KT나 SKT가 미국이나 중국과 같은 거대 시장에 가서 직접 사업을 전개하는 것은 불가능에 가깝다.

들고 다니는 전화라고 해서 휴대전화라고 부르기도 하지만 스마트폰은 엄밀히 말하면 전화가 아니다. 스마트폰은 언제 어디서나 커뮤니케이션할 수 있도록 돕는 '손안의 단말기'다. 스마트폰은 전통적인 전화 방식 외에 다른 사람과 소통할 수 있게 하는 새로운 기능들로 가득하다. 자신을 비롯한 주변의 사람들을 살펴보라. 물론 여전히 전화번호를 찾아 누르는 방식의 전통적인 스타일로 소통하고 있다. 하지만 그보다 더욱 빈번히 문자, 이메일, 카톡, 라인, 페이스북, 카페, 밴드, 블로그, 트위터, 스카이프 등으로 소통하고 있다. 그뿐 아니다. 길거리에서 지도 검색과 웹서핑을 즐기는 모습은 일상화되었다.

이처럼 커뮤니케이션 기술은 기술혁신뿐만 아니라 문화혁신의 기회를 의미하기도 한다. 우리의 상호 작용 방식, 우리가 우리 자신을 바라보는 방식은 계속해서 주위의 온라인 세계로부터 영향을 받고 그것에 주도될 것이다. 우리는 선별적 기억 성향으로 인해 새로운 습관을 재빨리 받아들이고, 과거에 했던 방식을 잊어버릴 것이다. 요즘 휴대전화 없이 산다는 건 상상하기 어렵다. 어디서나 누구나 스마트폰을 쓴다. 이는 망각에 대비해 보험을 든 것과 같다. 또 우리는 온갖 아이디어를 접할 수 있다. 그렇게 할 수 있는 아주 유용한 방법을 찾기가 여전히 어렵긴 하지만, 우리에게는 항상 관심을 쏟을 무언가가 있다. 스마트폰은 말 그대로 '똑똑하다'.[13]

그런데 곧 현실이 될 미래에는 사람과 사람 사이의 소통만이 아니라 사람과 사물의 소통, 사물과 사물의 소통 등으로 그 영역이 확장된다. 사람과 로봇이 소통하고 사람과 건물이 소통한다. 그뿐만이 아니다. 건물과 건물이 소통하고 사람과 상품이 소통하는 지금까지와는 사뭇 다른 새로운 소통의 장이 열린다. 모든 사물이 소통의 대상, 통신의 대상이 된다고 해야 할까. 그런 미래가 다가오고 있다. 바로 이런 변화 속에서 새로운 비즈니스 기회가 만들어지고 있다. 사람과 사람 사이의 소통은 전통적 방식대로 전화를 사용하면 된다. 그런데 사람과 사물의 소통이나 사물과 사물의 소통은 다이얼을 누르는 전통 방식으로는 불가능하다. 유무선 전화를 중심으로 한 기존 통신산업이 왕좌를 내주는 것을 위험으로만 받아들인다면 말 그대로 위험한 미래가 곧 현실이 될 것이다. 하지만 변화가 만들어내는 새로운 기회를 주목하고 준비한다면 말 그대로 새로운 기회

---

[13] 에릭 슈미트·제러드 코언, 《새로운 디지털 시대》, 알키, 2013.

의 미래를 맞이하게 될 것이다.

잠시 과거로 돌아가 보자. 인터넷이 가져온 변화는 어마어마한 것이었다. 우리가 사는 세상을 인터넷 이전과 이후로 구분할 정도다. 인터넷 혁명이란 말이 어색하지 않다. 그런데 지금 일어나는 변화는 우리가 맞이했던 첫 번째 인터넷 혁명의 파괴력을 훨씬 넘어서는 엄청난 위력을 지닌다. 지금 진행되고 있는 두 번째 인터넷 혁명으로 만들어질 시장은 겉으로 보면 유선에서 무선으로 전환되는 정도로 보일 수 있다. 하지만 실상은 그렇지 않다. 이전과는 완전히 차원이 다른 새로운 시장이 열릴 것이다.

첫 번째 인터넷 혁명은 그 전까지는 세상에 존재하지 않았던 가상의 세계를 만들어냈다. 그런데 우리에게 다가온 가상세계의 첫 모습은 텍스트(Text)로 만들어져 있었다. 이후 가상세계는 '이미지(Image)'란 옷을 입으면서 엄청난 속도로 질주했다. 글자와 이미지로 구성된 가상세계는 현실세계의 사람들을 단박에 자신의 세계로 흡수해버렸다. 그 후 진화가 계속되었다. 정지되어 있던 이미지가 움직이기 시작했다. 얼마 지나지 않아 3차원 가상공간이 등장했다. 그렇게 3차원 가상공간이 만들어지자 엄청난 일들이 일어나기 시작했다. 아바타(Avatar)라는 자신의 분신을 만들어 현실세계에서는 불가능했던 일들을 시작했다.

세컨드라이프(secondlife.com)라는 가상공간에 기업 연수원이 만들어지고 그곳에서 사원을 교육하는 기업이 나타났다. 연구기관도 만들어져서 함께 모여 연구를 진행하고 있다. 특히 위험하고 비용이 많이 드는 작업을 현실세계와는 다르게 쉽게 진행할 수 있다. 사람들은 그곳에서 자기만의 자동차를 타고 다니고, 자기만의 비행기를 타고 다닌다. 현실세계보다 더 많은 돈을 벌 수도 있다. 나이트클럽을 운영하기도 하고 부동산 개발업자가 될 수도 있다. 이뿐 아니다. 멋진 호수가 딸린 아름다운 별장을 지어 팔기도 한다.

아직 이 공간은 모니터 안에 갇혀 있다. 그런데 앞으로 이 놀라운 가상세계가 모니터 밖으로 나올 것이다. 머지않아 전통적인 데스크톱 컴퓨터는 사라질 것이다. 그래핀 소재와 같이 마음대로 구부려지고 접히는 디스플레이가 활성화될 것이다. 이런 디스플레이와 더불어 홀로그램 모니터가 사용될 것이다. 이미 디지털 홀로그래피 기술은 활발하게 사용되고 있다. 지난 미국 대통령 선거 기간에 CNN은 수천 킬로미터 떨어진 곳에 있는 여성 아나운서를 홀로그램으로 스튜디오로 불러들여 생방송을 진행했다. 디지털 홀로그래피 기술을 활용해 상품을 설명하는 것이 유행이 될 정도. 디지털 홀로그래피 기술은 앞으로 문화, 예술, 디스플레이, 측정산업, 의료, 학술 등 여러 분야에 폭넓게 활용하고 응용할 수 있는 핵심 기반 기술이다.

일본은 음성 합성 소프트웨어이자 캐릭터인 하츠네 미쿠(初音ミク, HATSUNE MIKU)를 바로 이 디지털 홀로그래피 기술을 통해 실제 무대 위에 공연자로 등장시켜 콘서트를 진행했다. 이 콘서트에 수만 명의 청중이 모였다. 그들의 모습은 여느 콘서트에서 보는 모습과 다르지 않았다. 형광봉을 흔들면서 열광했다. 그들에게는 가상과

현실을 굳이 구별해야 할 이유가 없었다. "증강현실은 이제 더 이상 어떻게 구현하는가의 기술적인 문제가 아니라, 일상적인 삶과 어떤 관계를 맺는가의 문제로 이해된다. 왜냐하면 증강현실은 이미 일정 수준으로 구현되었고, 더불어 대중화까지 되었기 때문이다. 이제 남은 것은 그렇게 실용화되고 대중화된 기술을 어떻게 사용할 것인가라는 콘텐츠의 문제와, 그것이 우리에게 어떤 영향을 미치고, 어떤 결과를 맺을 것인가라는 문화적인 문제이다."[14]

그런데 우리는 어떠한가. 이런 변화가 시작되는 출발점에서부터 밀리고 있다. 자타가 인정하는 정보기술산업 강국인데 상황이 영 아니다. 가상과 현실의 구분이 없어지는 세상의 첫 단계는 기존 산업과 정보기술의 융합이다. 1차 인터넷 혁명에서 인터넷과 컴퓨터를 대표로 하는 정보기술은 여러 산업 중 하나의 산업으로 존재했다. 그러나 지금 진행되고 있는 2차 인터넷 혁명에서 정보기술은 여러 산업 중 하나의 산업이 아니라 다른 모든 산업의 기초인 인프라가 된다. 정보기술을 융합하지 않으면 그 어떤 산업도 제2차 진화를 할 수 없다. 현재 진행 중인 내용을 살펴보자. 영국은 정보기술을 의료 부문에 적용하고 있다. 언제 어디서나 병원의 병상(Bed) 상태를 확인할 수 있다. 병원 예약은 물론 처방전마저 인공지능이 대신하는 실험을 하고 있다. 이런 시도를 통해 영국은 국가 예산을 연간 5,500만 파운드(약 1,900억 원)나 절약했다. 미국은 3차원 가상공간

---

[14] 이종관·박승억·김종규·임형택, 《디지털 철학》, 성균관대학교출판부, 2013.

을 활용해 환자가 의료 상담 및 진료 서비스를 받을 수 있는 실험을 진행하고 있다.

이뿐 아니다. 인터넷 등 가상공간 접속이 유선에서 모바일로 급속하게 전환되고 있다. 언제 어디에서든 가상세계와 현실이 만나고 융합되는 시대가 오고 있다. 유무선 통신망과 정보기술을 기반으로 하는 융복합 아이템들로 인해 전 세계의 사람들이 사무실과 거리 등의 어느 곳에서든지 도망갈 수 없을 정도로 굳건하게 연결되는 단계가 완료되면 드디어 가상공간이 24시간 나의 몸에 밀착되어 존재하는 기본적인 환경이 마련된 셈이다. 그러면 세 번째 단계인 이런 환경 위에 스마트 모바일, 증강현실, 홀로그램, 3차원 입체, 초고속 3차원 네트워크 기술, 위치 추적 기술, 인공지능, 클라우딩 컴퓨팅 기술 등이 빠르게 결합하고 확장되면서 가상이 현실로 튀어나오는 것이 가능하게 된다. 그리고 개인이 더 이상 정보를 스스로 찾는 것이 아니라 똑똑한 정보가 나를 알아서 찾아오는 시대가 된다. 즉, 시시각각 변하는 나의 목적들에 최적화된 정보(Just-in-purpose)를 최적의 시간(Just-in-time)에 자동으로 받아 볼 수 있는 일명 '프리미엄 날리지(Premium Knowledge)'의 시대가 오게 된다. 이런 환경이 구축되면 기존의 포털, 스마트폰, 검색이 사라지고 대신 수많은 창의적 산업이 새로 태동하게 될 것이다.

디지털 기술의 발전은 참된 세계와 가상세계의 경계를 기술적으로 극복해냄으로써, 사실상 참된 세계라는 개념의 의미 역시 소거시켜버린다. 디지털 기술은 제약된 현실을 뛰어넘는 과잉 현실들을 산출해낸다. 현실과 가상 사이의 경계가 무너짐으로써 이제까지 발견되지 않았던 광대한 대륙이 나타난다. 부인할 수 없는 현실은 인터넷을 통해 구축된 새로운 세계가 새로운 직업, 새로운 상품, 새로운 시장이라는 것이다. 사람들은 기꺼이 자신을 분할해서 이중적인 정체성을 가질 수도 있다. 디지털화된 공간은 일종의 자기 분열적 향유의 공간이기도 하다. 즉, 자유자재로 자신의 정체성을 변신시킬 수 있는 공간이다. 더욱이 그 공간은 실제 세계에 영향을 전혀 미치지 못한 채 그저 머릿속 상상의 세계로 남는 게 아니라, 어느덧 우리의 실제 삶을 지배하는 세계가 되고 있다. 자신을 치장하기 위해 돈을 쓰는 것만이 아니라, 자신의 아바타를 치장하기 위해 기꺼이 돈을 쓰고자 한다. 자기 생활의 편의를 위해 자동차를 구매하는 것이 아니라, 카트라이더의 내 차를 업그레이드하기 위해서도 기꺼이 돈을 지불한다.[15]

가상 국가, 현실 국가를 리셋하다

이뿐 아니다. 새로운 커뮤니케이션 기술이 더 많이 폭넓게 이용되면, 이것은 거버넌스(국가경영 혹은 공공경영, governance)에 양날의 검이 될 것이다. 정보통신기술로 무장한 개인과 네트워크와 전통적인

---

15 이종관·박승억·김종규·임형택, 《디지털 철학》, 성균관대학교출판부, 2013.

정치 구조 사이에서 충돌이 일어날 것이다. 북아프리카와 중동에서 확인했듯이 국민들이 소셜 네트워킹을 통해 단결함으로써 정부에 도전할 수 있고, 정부는 그런 기술을 이용해 국민을 감시할 것이다. 그래서 현실세계에서는 실체가 없는 온라인상의 사이트를 현실세계의 국가처럼 분석하고 이야기하는 학자들이 있다. 바로 페이스북에 관한 이야기다. 템플대학 법학과(Temple University's Beasley School of Law) 데이비드 포스트(David G. Post) 교수는 "페이스북은 근대 민족국가와 비슷하게 사람이 모이게 하고 스스로 운명을 결정하도록 하는 역할을 한다"고 분석했다. 정치학자 베네딕트 앤더슨(Benedict Richard O'Gorman Anderson) 역시 "페이스북은 상상 속 공동체"라면서 "사람들은 그 속에서 수백만 명의 익명 동료 시민과 유대감을 느끼고 있다"고 지적했다.

가입자 10억 명을 돌파한 이 거대한 인터넷 사이트는 인구 규모로 보면 중국이나 인도에 견줄 만한 큰 국가다. 미국과 유럽은 전체 인구의 50% 정도가 페이스북 계정을 보유하고 있을 정도다. 물론 규모에서만 영향력을 발휘하고 있는 것은 아니다. 페이스북 크레디트(facebook credit)는 국가별 통화 차이로 일어날 수 있는 제약을 뛰어넘어 자유로운 상거래를 가능하게 했다. 그뿐 아니라 거래마다 '세금'까지 징수하고 있다. 온라인 포럼을 통해 의견을 수렴하고 약관을 변경하는 등 일정 수준의 정치 체제도 갖추고 있다. 이런 모습은 페이스북만의 것은 아니다. 마이스페이스와 같은 다양한 소셜 네트워크 사이트, 전 세계는 물론 우주와 사람의 신체까지 가상공간에 모두 스캐닝을 하려는 구글, 미국 오바마 대통령을 당선시키는 데 일조하며 가상세계의 새로운 정치권력으로 떠오른 트위터 등 초기 국가와 유사한 기능을 하는 인터넷 사이트들이 움직이고 있다.

앞으로 10년간 가상세계에 거주하는 인구는 지구상에 실제 거주하는 인구를 넘어설 것이다. 사람들은 온라인에서 다양한 방식으로 모습을 드러낼 것이다. 특히 세상을 반영하고, 우리를 풍요롭게 만들어줄 역동적인 이해관계들이 뒤섞인 다양한 커뮤니티를 창조할 것이다. 이 모든 연결은 대량의 데이터를 창조하고, 과거 상상해보지 못한 방식으로 시민에게 권력을 부여한다.[16]

가상 국가의 힘이 세지면서 현실 국가와 가상 국가 간 갈등이 커지고 있다. 가상 국가와 현실 국가 사이의 전쟁이 시작되었다. 첫 번째 전쟁은 현실 국가의 승리로 끝났다. 2010년 초 구글은 중국의 사전검열에 대한 반발로 중국 정부와 첨예한 갈등을 벌였다. 처음에는 구글이 중국에서 철수한다는 초강경수를 두며 검색 서비스를 일시 중단한 바 있다. 대신 홍콩을 거쳐 서비스를 제공하는 우회 전략을 사용했다. 중국 이용자들을 대상으로 검색 단어 경고 시스템을 가동했다. 이 시스템은 이용자들이 중국 정부가 검열하는 특정 단어를 검색하면 이를 '하이라이트' 방식으로 강조해 알려주고 다른 단어로 우회해 검색할 수 있도록 돕는다. 예를 들어 이용자가 반(反)정부 콘텐츠 등을 검색해 해당 결과물을 누르면 '페이지가 없다'고

---

16 에릭 슈미트·제러드 코언, 《새로운 디지털 시대》, 알키, 2013.

메시지가 뜬다. 하지만 이 시스템은 구글 엔지니어들이 직접 35만 개의 검색 단어를 뒤져 찾아낸 우회 단어를 기반으로 만들었기 때문에 검열을 피하면서 해당 내용을 찾을 수 있다. 그러나 중국 정부가 약속위반을 거론하며 강하게 압박하자, 개인정보 보호를 위해 사전검열을 거부했던 구글의 원칙을 포기하면서 중국 정부의 요구를 수용하고 말았다.[17]

정치 영역뿐 아니라, 경제 영역에서도 현실 국가와 가상 국가가 충돌하고 있다. 2010년 프랑스 의회는 2011년 7월부터 온라인 광고에 세금을 물리는 이른바 '구글세'를 도입하기로 했다. 자국 기업이 온라인 광고를 할 때 광고 비용의 1%를 세금으로 부과하겠다는 내용이었다. 인터넷 검색엔진이 온라인 광고시장에서 막대한 수익을 올리고 있음에도 정작 세금은 본사가 있는 국가에만 내고 있다고 지적하면서 다국적 온라인 기업의 광고 수입에 세금 징수를 결정한 것이다. 이것은 구글, 페이스북 등 가상 국가를 대상으로 현실 국가인 프랑스가 선전 포고를 한 것이었다.

현실 국가와 가상 국가의 두 번째 전쟁은 2010년 위키리크스(Wikileaks) 사건으로 시작되었다. 위키리크스의 설립자 어샌지(Julian Paul Assange)는 2010년 7월 미군의 아프가니스탄전 기밀문서 7만 7,000여 건에 이어 이라크전 문서 40만 건을 공개했다. 11월에는 미 국무부의 외교전문 25만 건을 공개했다. 공개된 문건은 미국의

---

[17] 〈전자신문〉, '구글 검색, 중국 정부 검열 단어 "경고" 시스템 철수', 2013. 1. 8.

245개 재외공관과 미 국무부 사이에 송수신된 1966년 12월 28일부터 2010년 2월 28일까지의 외교전문이다. 한국을 비롯해 일본, 호주, 싱가포르 등 다수 국가의 외교전문이 공개됐으며 이란, 아프가니스탄 등 반미감정이 강한 국가들도 포함됐다. 공개된 전문 중 제보자의 실명을 확인할 수 있는 전문은 1,000건이 넘는다. 또 '내부고발자'로 언급된 150명 이상의 실명도 드러났다.[18] 가상 국가가 현실 국가의 비리를 폭로한 것이다.

　물론 그냥 당하고 있을 현실 국가가 아니었다. 그들은 현실 세계에서 사용할 수 있는 능력을 활용해 가상 국가의 대표인 어샌지를 체포했다. 그러자 위키리크스를 지지하는 네티즌들이 현실 국가의 사이트를 공격했다. 결국, 줄리언 어샌지는 보석으로 풀려났다. 그런데 그는 만약 차후에 자신이 살해되거나 장기 구금된다면 모든 비밀 문건을 폭로하겠다고 했다. 영화에서 보았던 장면보다 더 영화 같은 일들이 현실에서 벌어졌다. 이런 상황에서 핵티비스트(hacktivists)[19]가 등장했다. 그들은 위키리크스 규제에 나섰던 페이팔, 마스터카드 등을 대상으로 보복 차원의 사이버 테러를 자행했다. 게다가 위키리크스와 직접 관련이 없는 맥도날드와 같은 현실 세계의 유명 기업에까지 무차별적으로 사이버 공격을 감행했다. 마치 가상 국가를 보호하는 군대의 역할을 한 것이다. 현실 국가와 가상

---

18 〈머니투데이〉, '위키리크스, 편집 없이 25만 건 외교문서 공개 파문', 2011. 9. 3.
19 집단해커(hacker)와 정치적 행동주의자(activist)의 합성어.

국가의 두 번째 전쟁에서는 가상 국가가 승리한 셈이다.

앞으로 현실 국가와 가상 국가의 충돌은 정치, 경제, 사회 분야에 다양한 변화를 가져올 것이다. 이런 변화 속에서 다가오는 기회가 무엇인지 주목해야 한다. 지금까지는 현실의 정치인들이 가상공간의 지원을 받아 선거에서 승리하는 일들이 벌어졌다. 네티즌의 적극적 지지에 불리했던 상황을 역전하고 대통령이 된 노무현, 트위터와 유튜브의 힘을 빌려 미국 최초의 흑인 대통령이 된 버락 오바마(Barack Hussein Obama, Jr.) 등등. 하지만 앞으로는 가상 국가가 현실 국가의 정치인들을 돕는 수준을 넘어 가상 국가가 단독으로 대통령 후보와 국회의원 후보를 내놓을 수도 있다. 네티즌들이 현실 정당의 공천을 믿지 못하겠다고 선언하고 자신들이 직접 후보를 선정하고 지지할 수 있다. 물론 이렇게 되면 현실 국가는 현실의 법을 사용해 규제할 것이다.

가상 국가 시민들의 힘이 강해지면 강해질수록 현실 세계의 정치도 변화할 수밖에 없다. 무엇보다 정치인의 정치적 역량만이 아니라 도덕적 자질이 중요한 잣대로 자리 잡을 것이다. 선거 때마다 등장하던 거짓 공약도 줄어들 것이다. 가상 국가의 시민들은 정치인들의 과거 언행이나 공약에 대해 적극적으로 검증하고 관련 내용을 페이스북이나 트위터 등을 통해 전파할 것이다.

가상 국가의 힘이 정치 영역에만 집중되는 것은 아니다. 거대 언론의 영향력이 예전만 못하다는 것은 새삼 강조할 필요가 없다. 정보가 무엇보다 중요한 세상이 되었다. 그런데 은밀한 정보는 점점 사라지고 있다. 정보를 독점하는 것만으로도 강력한 힘을 발휘할 수 있었던 시절이 있었다. 그런데 지금은 그때와는 상황이 다르다. 특정 사건의 의도적 은폐나 조작, 왜곡, 시간 끌기 등으로 여론을 조작하던 일이 이제는 불가능에 가깝다. 숨기고 속이기에는 정보가 너무 많은 세상이다. 정부 기관과 거대 기업 그리고 거대 언론이란 골리앗들이 가상 국가의 다윗들의 진격에 무너지고 있다.

이런 변화 속에서 만들어질 기회는 무엇일까? 미래는 갑자기 나타나지 않는다. 미래 징후를 보이면서 다가온다. 현재 진행 중인 변화를 주목해보자. 2005년 아리아나 허핑턴(Arianna Huffington)에 의해 설립된 〈허핑턴 포스트(The Huffington Post)〉는 현재 미국에서 가장 영향력 있는 뉴스 미디어로 인정받고 있다. 뉴스 전파력은 〈뉴욕타임스(The New York Times)〉의 열 배로 평가받는다. 〈뉴욕타임스〉는 1851년 창간된 세계적인 규모의 전통 깊은 유력지다. 반면 〈허핑턴 포스트〉는 원고료를 지급하지도 않고, 기자도 없고, 블로그들이 자발적으로 글을 올리고, 마감도 없고, 내용도 자유롭고, 다른 데서 사용한 글을 게재할 수도 있다. 기존 현실 국가의 뉴스 미디어와는 전혀 다른 DNA를 가지고 있는 이 묘한 가상 국가의 뉴스 미디어가 현실 국가의 뉴스 미디어를 이겼다. 도대체 무슨 일이 일어난 것일까? 이런 변화가 가져올 기회는 무엇일까?

앞으로 주류 언론은 뉴스 보도에서 점차 뒤처질 것이다. 주류 언론의 기자들이나 비상근 통신원들이 아무리 유능하고 많은 소식통을 확보해놨더라도, 네트워크 시대에는 충분히 빨리 움직일 수 없다. 트위터처럼 순식간에 누구나 쉽게 접근할 수 있는, 개방형 네트워크 플랫폼으로부터 계속해서 뉴스속보가 쏟아질 것이다. 세상 모든 사람이 데이터 사용이 가능한 전화기를 갖고 있거나 그런 전화기를 이용할 수 있게 된다면, 파키스탄 아보타바드에서 살던 한 민간인이 무심코 미군의 오사마 빈 라덴(Osama Bin Laden) 은신처 공격과 그의 사망 사건을 트위터에 생중계한 것처럼 누구나 뉴스속보를 보도할 수 있게 될 것이다.[20]

물론 정보통신기술로 유능해진 개인 및 거대 네트워크 들과 전통적 정치 구조 사이에서 어떤 일이 벌어질 것인지에 대해서는 전문가들의 의견이 분분하다. 정치학자들은 정보통신기술로 가능해진 대안들이 세계 경제를 대체할 것인지에 대해 회의적이다. 기술자들은 정보통신기술을 세계적인 혁명으로 보고 앞으로 20년 내에 국가 및 오래된 기구들의 영향력이 감소할 것으로 생각한다. 하지만 이미 현실이 되고 있듯이 정보통신기술로 가능해진 네트워크 방식의 운동은 체제를 붕괴시킬 수 있다. 또한 정치적 사회적 변화 필요성에 세계의 관심을 빠르게 끌어당기고 있다. 정보통신기술의 사용을 통해 개인은 가상세계에서 공유된 아이디어를 중심으로 단체를 조직하고 지속적인 행동을 취할 수 있다. 앞으로 소셜 네트워크는 더욱 강력한 정치적 무기가 될 것이다. 동시에 당파심과 국수주의를 부추기는 등 부정적인 영향도 강하게 미칠 수 있을 것이다.

---

20 에릭 슈미트·제러드 코언, 《새로운 디지털 시대》, 알키, 2013.

미래 에너지, 에너지 산업을 리셋하다

에너지 산업에서 진행되고 있는 변화는 두 가지다. 거듭 강조하지만, 미래의 기회를 변화 속에서 찾아야 한다. 현재 진행 중인 첫 번째 변화는 에너지 사용법의 변화다. 기존 에너지를 효과적으로 사용하는 방법을 계속 연구 중이다. 현실적으로 보면 무리해서 친환경 에너지로 넘어가는 것보다 에너지를 효율적으로 사용하는 것이 효과적이다. 사실 신재생에너지보다는 전통적인 화석에너지 시장이 훨씬 더 크다. 신재생에너지 시장 규모는 전체 에너지 시장의 3~5%가량이다.

물론 장기적으로 보면 신재생에너지 시장은 점점 더 성장하고 전통적인 화석에너지 시장은 줄어들 것이다. 하지만 지금 당장은 엄청나게 투자해서 두 배로 규모를 키운다고 해도 신재생에너지 시장은 전체 에너지 시장의 6~10%에 해당할 뿐이다. 그래서 일부에서는 기존 에너지 사용의 효율성을 올리는 것이 새로운 에너지를 개발하는 것보다 환경 측면에서나 에너지 산업 측면에서 더 효과적이라고 주장한다. 미래와 관련해 에너지 이야기를 하면 대부분 신재생에너지와 관련된다. 그런데 기존 에너지를 효과적으로 사용하는 것에서도 끊임없이 새로운 부의 기회가 일어난다는 것을 주목할 필요가 있다.

두 번째 변화는 접속의 시대로의 진입이다. 지금까지 우리는 거의 모든 영역에서 소유의 시대를 살았다. 공급자가 상품, 지식, 에너지 등을 생산하면 소비자가 그것을 구매해 자신의 소유로 삼은 뒤 사용했다. 자연히 부는 공급자에게 집중되었다. 그런데 이제는 접속의 시대로 넘어가고 있다. 기술이 빠르게 발전하다 보니 예전보다 빠른 속도로 새롭고 다양한 상품이 만들어지고 있다. 하지만 소비자의 소비 여력은 빠른 속도로 증가하지 않는다. 이런 상황에서 소비자들이 선택한 것은 무엇을 소유하기보다는 필요에 따라 임대료를 내고 여러 제품을 접속해서 사용하는 것이었다. 이렇게 접속의 시대로 진입하면서 공급자에 집중되었던 부와 권력이 접속을 돕는 사람들과 소비자들에게 나누어졌다.

정보산업이 이런 변화를 보여주는 좋은 사례다. 초창기 정보를 제공하는 공급자는 국가, 기관, 언론 등이었다. 이들이 일방적으로 전달하는 정보를 소비자들은 받아서 사용할 뿐이었다. 그렇게 정보를 독점하는 이들이 부를 독점했다. 그런데 인터넷이란 새로운 환경이 만들어지면서 이전과는 다른 시대가 열렸다. 개인이 정보에 접속할 수 있도록 돕는 새로운 사업이 생겼다. 접속 인프라를 제공하는 기업의 매출이 꾸준히 증가했다. 필요에 따라 얼마든지 정보에 접속해 사용하게 되면서 부와 영향력이 이동했다. 때로 전통적 정보 독점자보다 더 큰 영향력을 발휘하는 정보를 생산하는 개인이 등장하기도 했다. 그렇다고 기존의 정보 독점자나 공급자가 완전히 사라지는 것은 아니다. 하지만 정보를 소유하고 독점하던 시대가 접속의 시대로 넘어오면서 부가 만들어지는 패턴에 새로운 변화가 일어난 것은 분명했다.

에너지 산업도 접속의 시대로 전환되고 있다. 전통적인 에너지 산업은 특정 공급자가 석유나 천연가스 등의 에너지를 생산 가공해 소비자에게 파는 모델이다. 가격도 공급자가 결정하고 부도 그들이 나눠 가진다. 소비자는 그냥 정해진 가격에 따라 사용해야 했다. 그런데 친환경 에너지의 시대로 전환되면서 새로운 변화가 일어나고 있다. 정보 접속 인프라를 활용해 정보와 부를 개인이 나누어 가질 수 있었던 것처럼 에너지 접속의 인프라를 활용해 에너지와 부를 개인이 나누어 가질 수 있다. 예를 들어 태양열 발전기를 설치한다고 하자. 다른 친환경 발전기 설비를 선택해도 된다. 여하튼 발전기를 설치하는 비용이 발생한다. 마치 초고속 인터넷망을 설치하면서 가입비를 내는 것과 같다. 그런데 인프라를 구축하고 나면 그 인프라를 통해 소비자는 원하는 시간에 원하는 만큼의 에너지를 접속해서 사용할 수 있다. 사용하고 남은 에너지는 팔 수도 있다. 이렇게 소비자 스스로 자신에게 최적인 에너지를 선택해 접속하고 재생산하게 되면 이전과는 전혀 다른 상황이 전개된다.

유럽 전력시장에서는 전력을 손쉽고 값싸게 사고팔도록 도와주는 스마트그리드 시스템(Smart Grid System)[21]이 활성화되고 있다. 생산

---

[21] '발전(發電)-송전 배전-판매'의 단계로 이루어지던 기존의 단방향 전력망에 정보기술을 접목해 전력 공급자와 소비자가 양방향으로 실시간 정보를 교환함으로써 에너지 효율을 최적화하는 '지능형 전력망'을 말한다. 발전소와 송전 배전 시설과 전력 소비자를 정보통신망으로 연결하고 양방향으로 공유하는 정보를 통해 전력시스템 전체가 한 몸처럼 효율적으로 작동하는 것이 기본 개념이다. 이를 활용해 전력 공급자는 전력 사용 현황을 실시간으로 파악해 공급량을 탄력적으로 조절할 수 있다. 전력 소비자는 전력 사용 현황을 실시간으로 파악함으로써 이에 맞게 요금이 비싼 시간대를 피해 사용 시간과 사용량을 조절할 수 있다. 태양광 발전이나 연료전지, 전기자동차의 전기에너지 등 가정에서 생

자와 소비자가 구분되지 않고 프로슈머(Prosumer, 생산자[producer]와 소비자[consumer]를 합성한 말)가 되어 에너지 절감의 가능성을 열어가고 있다. 스마트그리드 시스템은 두 가지 기본 모델이 있다. 첫 번째 모델은 구매자와 판매자를 연결 중재해주는 모델이다. 네트워크를 통해 에너지를 팔 사람과 살 사람을 직접 연결해 에너지 가격을 낮출 수 있다. 두 번째 모델은 모든 참가자가 에너지를 절감하자는 한뜻으로 구 단위, 동네 단위의 작은 에너지 시장에서 서로 직접 구매할 수 있는 네트워크 에너지 그리드다. 개인이 팔고 싶은 만큼 가상 공간에 올리면, 사고 싶은 사람이 원하는 가격에 원하는 만큼 살 수 있게 하는 것이다.

이런 변화 속에서 새롭게 다가오는 미래 기회는 어떤 모습일까? 앞으로 2050년까지 전 세계 에너지의 30%가 10~15개의 신재생에너지로 전환될 것이다. 국제에너지기구(IEA)는 태양에너지가 2040년부터는 주요 발전원으로 부상해 2050년에는 전 세계 발전량의 26%를 차지할 것이고, 1차 에너지 공급 중 신재생에너지 비중은 60%까지 늘어날 것으로 전망한다.[22] 물론 어떤 신재생에너지를 사용할 것인가는 처한 상황에 따라 달라질 것이다. 여하튼 자신의 상황과는 상관없이 석유를 중심으로 한 화석연료를 사용하던 시대는

산되는 전기를 판매할 수도 있게 된다. 또 자동조정 시스템으로 운영되므로 고장 요인을 사전에 감지해 정전을 최소화하고, 기존 전력시스템과는 달리 다양한 전력 공급자와 소비자가 직접 연결되는 분산형 전원체제로 전환되면서 풍량과 일조량 등에 따라 전력 생산이 불규칙한 한계를 지닌 신재생에너지 활용도가 증대된다.

22 〈조선비즈〉, 'IEA, 2050년 전 세계 에너지 수요 최소 25% 증가', 2014. 5. 13.

끝이 나고 있다. 앞으로는 자기 지역에 맞는 신재생에너지를 접속해 사용하게 될 것이다. 사막에서는 태양열, 바닷가에서는 풍력, 화산지역이 많은 곳에서는 지열을 사용하게 될 것이다.

에너지와 관련된 변화를 이야기할 때는 세계의 공장이라고 불리는 중국의 변화를 주목해야 한다. 세계의 공장답게 세계에서 에너지를 가장 많이 사용하는 곳이 중국이다. 2014년 3월 17일 중국 베이징에서 개최된 '2014 중국 청정에너지(Clean Energy) 엑스포'에서 '중국 전력(電力) 기업 연합회'는 '신 에너지 산업 발전 트렌드 보고서(New Energy and Industrial Development Trend Report)'를 공식 발표했다. 발표된 보고서에 따르면, 2050년 중국 전역에서 청정에너지를 이용한 발전기 총용량은 24.8억kW 규모에 달해 전국 발전기 총용량의 62%를 차지하게 된다. 청정에너지를 이용한 발전량은 전국 총발전량의 58%를 차지하게 되고, 중국의 전력 구조는 석탄을 이용한 화력발전 위주에서 차세대 청정 비(非)화석(化石)에너지를 이용한 발전으로 전환된다.

풍력발전은 중국에서 수력발전, 화력발전 다음으로 억만kW 규모에 도달한 발전 유형에 속한다. 2014년 말까지 중국의 풍력발전기 용량 규모는 9,000만kW 규모를 넘어 1억kW 규모에 도달하게 될 전망이다. 태양광발전 규모가 확대되고 정부의 지원 정책이 집중적으로 발표됨에 따라 중국의 태양광발전은 지난 2013년도에 수익을 창출하는 단계에 들어섰다. 오는 2014년 말에 중국에서 새롭게 증가하는 태양광발전기 용량은 1,400만kW 규모에 도달하고 태양광발전기 총용량은 3,000만kW 규모에 도달해 지난 2011년의 태양광발전기 총용량인 300만㎾ 규모의 10배에 달하게 될 것이다.

세계의 공장답게 세계의 에너지를 빨아들이고 있는 중국이 이런 변화 과정을 훌륭히 계획대로 이루어낸다면 세계 에너지 산업 지형에도 적지 않은 변화가 일어날 것이다. 물론 중국만 이런 변화를 시도하고 있는 것은 아니다. 미국 정부는 노후화된 전력 시스템의 근대화를 위해 거액의 공공 자금을 투입해 다양한 스마트그리드 프로젝트를 지원하고 있다. 2010년 초에 이 프로그램이 시작된 이래 100개 가까운 프로젝트가 진행되고 있다.

이뿐만 아니다. 오바마 대통령은 2013년 2월 13일 일반교서 연설에서 기후변동 문제와 에너지 문제를 크게 다루며 청정에너지로의 이행을 촉진함과 동시에 에너지 효율 향상의 중요성을 강조하면서 2030년까지 에너지 효율의 배증 목표를 채택했다. 내용을 보면 2030년까지 전력의 80%를 청정에너지로 공급하겠다는 것이 큰 목표다. 2015년까지 100만 대의 전기자동차를 보급하고, 2025년까지 석유 수입을 3분의 1 감소하겠다고 발표했다. 더불어 주택을 포함한 건물의 에너지 효율을 높이기 위해 구체적인 목표와 실행 계획도 발표했다.

세계의 에너지를 빨아들이고 있는 두 개의 거대 공장인 중국과 미국이 이렇게 변화를 추구하고 있다. 유럽연합이나 기타 국가도 사정이 다르지 않다. 기존 에너지 사용이 많은 곳일수록 변화하기 위해 노력하고 있다. 미래 에너지는 에너지 산업을 리셋하고 있을 뿐 아니라 세계를 리셋 중이다.

미래 자동차, 자동차산업을 리셋하다

미래 자동차는 몇 단계를 거치면서 하늘을 나는 자동차까지 발전할 것이다. 아마도 이 책을 읽는 독자들은 비교적 저렴한 가격의 하늘을 나는 자동차를 경험하게 될 것이다. 이런 변화 과정에서 자동차산업은 계속 새로운 부를 창출할 것이다. 그런데 기존의 자동차기업이 아닌 새로운 기업이 이런 변화를 주도할 것이다. 현재 시점에서 전망하면 구글, 애플, 테슬라 등의 정보통신기업이나 전기자동차 전문기업이 될 가능성이 크다.

현재 휘발유나 경유처럼 화석연료를 사용하는 자동차는 하이브리드 자동차 단계를 거쳐 전기자동차로 진화하고 있다. 수소를 연료로 사용하는 자동차도 곧 상용화될 것이다. 이런 변화가 속도를 높여 전기자동차가 보편화되면 자동차산업에는 엄청난 변화가 일어날 수밖에 없다. 현재 화석연료에 기반한 자동차를 제작하는 데 2만 개 정도의 부품이 필요하다. 그런데 전기자동차로 전환되면 이 중 1만 5,000개의 부품은 쓸모가 없어진다. 그리고 새로운 5,000개의 부품이 필요하다. 기존 자동차에만 필요했던 1만 5,000개의 부품과 관련된 기업은 어떤 모습이든 변화를 경험해야만 한다. 그리고 새로운 5,000개의 부품과 관련된 기업은 새로운 기회를 맞이하게 될 것이다.

겉으로 보면 자동차, 자동차산업이란 이름은 같지만 속으로 보면 달라지는 것이 많다. 형태로 보면 기존 자동차와 큰 차이가 없지만,

기술적인 면에서 보면 전기자동차는 모터로 움직이는 전자장치로 봐야 한다. 바퀴가 달려서 스스로 이동할 수 있는 컴퓨터로 봐야 한다. 그리고 지금까지 자동차산업은 기계산업으로 분류되었다. 그런데 전기자동차가 중심이 되면 자동차산업은 정보통신기술을 기반으로 한 전자산업으로 분류될 것이다.

이런 변화 속에서 다가오는 새로운 기회는 어떤 모습을 하고 있을까? 미래의 모습을 보기 위해 과거의 모습을 돌아보는 것이 중요할 때가 많다. 특히 자동차산업의 경우가 그렇다. 사실 전기자동차는 새로운 발명품이 아니다. 전기자동차가 처음 개발된 것은 1835년이다. 1900년대 초반에는 전기로 움직이는 자동차가 화석연료로 움직이는 자동차보다 많았다. 그런데 대량 생산 공정과 싼 가격 때문에 화석연료 자동차에 자리를 내주면서 전기자동차는 사라졌다.

그 후 100년이란 시간이 지났다. 상황이 변했다. 1996년 전통적인 자동차산업의 대표 기업인 GM이 EV1이라는 전기자동차를 판매하기 시작했다. 캘리포니아 주정부가 심각한 공해를 막기 위해 자동차 기업마다 전체 판매량의 10~20% 정도를 배기가스가 나오지 않는 자동차를 판매하도록 '배기가스 제로 법'을 만들자 이에 대응하기 위해 전기자동차를 내놓은 것이다. 기존의 자동차를 계속 판매하기 위해서는 어쩔 수 없이 전기자동차를 판매해야만 했다. 그런데 상황 때문에 어쩔 수 없이 출시한 전기자동차의 성능이 예상과는 다르게 놀라웠다. 완전히 충전하는 데 4시간밖에 걸리지 않는

EV1은 한 번 충전으로 160km를 주행할 수 있었다. 배기가스도 없고, 소음도 없고, 시속 130km로 달릴 수 있었다. 놀라운 성능에 입소문이 빠르게 나면서 EV1 신청자들이 쇄도했다.

전혀 예상하지 못했던 상황이 펼쳐지자 GM은 다급해졌다. 기존 화석연료 자동차의 판매가 위협받을 수 있다는 분위기가 형성되었다. 전기자동차의 특성을 고려하면 기존 자동차 관련 생태계 전체에 큰 타격이 될 수 있었다. 우선 자동차 부품을 만드는 기업이 타격을 받을 것이 뻔했다. 오일 필터나 엔진오일 교환도 필요 없기 때문에 자동차 수리점도 타격을 받을 수밖에 없었다. 전기로 달리기 때문에 정유업계도 타격을 받게 된다. 이뿐 아니다. 전기자동차가 많아지면 휘발유 소비가 줄어들고, 그렇게 되면 세금이 줄어들어 정부도 타격을 받을 수밖에 없었다.

GM은 FBI까지 동원해 전기자동차를 수거하고 사막 한가운데서 모두 폐차시켰다. 그리고 전기자동차에 대한 이런저런 루머들이 퍼지기 시작했다. 2003년에는 전기자동차의 배터리 문제, 높은 가격 부담 등 억지 문제들을 근거로 '배기가스 제로법'이 폐기되었다. 픽션이 아니다. 영화에서나 나올 만한 일이지만 이 모든 일이 실제로 일어났다.[23] EV1에 대한 이야기는 〈누가 전기자동차를 죽였는가?(Who killed the electric Car?)〉라는 다큐멘터리 영화에서 상세히 다루어졌다.[24]

---

[23] 〈SNE 리서치 홈페이지〉, '비운의 전기자동차, EV1이야기'.
[24] 네이버 블로그, "거리의 영화다이어리", EV1을 아세요? – 전기자동차를 누가 죽였나?(Who Killed The Electric Car?, 2006).

그리고 다시 시간이 흘렀다. 이전보다는 비교할 수 없을 만큼 짧은 시간이 흘렀다. 그런데 또다시 상황이 급변했다. 금융위기가 오고 환경문제가 발생하자 도요타 자동차는 '프리우스'라는 하이브리드 자동차를 내놓았다. 환경, 금융, 에너지, 소비, 빚 등 갖가지 문제 때문에 소비자들은 좀 더 작은 차, 비용이 적게 들어가는 차를 찾고 있었다. 프리우스가 바로 그 소비자들의 욕구를 해결해주었다. 200만 대가 넘게 판매되었다. 미국 입장에서는 전혀 예상하지 못한 '프리우스'라는 변수가 등장한 것이다.

하이브리드 자동차는 전기자동차로 가는 브릿지 기술에 불과하다. 하지만 자동차를 새로 구매하면 짧게는 3~4년, 길게는 10년 이상 사용한다. 결국 하이브리드 자동차를 사면 전기자동차를 구매하는 시간이 늦어질 수밖에 없다. 어쩌면 전기자동차마저 미국이 먼저 양산하고서도 차세대 자동차산업의 주도권을 일본에 내줄 수도 있는 문제가 발생한 것이다. 전략의 수정이 필요했다. 수정된 미국의 전략은 하이브리드 자동차의 수명을 최대한 짧게 하고, 가능한 대로 빨리 전기자동차로 넘어가게 하는 것이다. 이를 위해 2009년 미국은 휘발유 하이브리드 자동차인 프리우스를 의회와 언론을 총동원해 격렬하게 공격했다.

현재 미국이 판매하는 전기자동차의 주력 모델은 '테슬라-S'다. 제로백이 5.5초이고 한 번 충전으로 483km까지 주행할 수 있다. 17인치 터치스크린으로 라디오, 오디오 공조장치를 조정할 수 있고 3D 접속도 가능하다. 가격은 정부의 지원을 받으면 4만 9,900달러에 불과하다. 테슬라는 온라인 결제회사 '페이팔'의 창업자인 엘론 모스크가 2003년 실리콘밸리에서 설립한 기업이다. 앞서 전기자동차는 움직이는 컴퓨터 장치라고 했다. 사실 전기자동차 기술이 가장 빠르게 발전하고 있는 곳 중 하나가 실리콘밸리다.

앞으로 자동차와 관련된 변화가 계속 진행될 것이다. 하지만 형태나 소재, 관련 기술의 변화가 엄청난 속도와 규모로 일어난다고 해도 자동차 자체가 사라지는 일은 없을 것이다. 이런 변화 속에서 우리에게 다가오는 새로운 기회는 어떤 모습일까? 화석연료를 사용하고 엔진으로 움직이던 자동차가 전기를 사용하고 모터로 움직이기 시작할 때 우리가 주목하고 잡아야 할 기회는 무엇일까? 더 나아가 무인자동차가 대중화되면 어떤 변화가 일어날지 생각해보라. 구글뿐 아니라 BMW, 볼보, 폴크스바겐, 아우디 등도 이미 무인자동차를 내놓았다.[25]

단순히 기술의 변화에만 주목해서는 안 된다. 자동차에 관한 정의 자체가 변화하고 있다. 미래의 자동차는 현재의 자동차와 여러 가지 의미에서 다른 자동차다. 우리가 생각하는 것보다 훨씬 더 빠른 속도로 변화가 진행되고 있다. 운전자도 없고 에너지원도 다르다. 디자인도 많이 달라질 것이다. 무인자동차가 대중화되면 시각장애인들이나 고령인구도 운전이 가능해진다. 음주운전을 금지하

---

[25] 2013년 1월 라스베이거스에서 개최된 '국제전자제품박람회(Consumer Electronics Show: CES2013)'에서 실험을 거친 무인자동차를 전시했다.

고 단속하는 일도 사라질 것이다. 지금이야 전후방과 양 측면 모두를 운전자가 잘 볼 수 있도록 디자인해야 하지만 무인자동차야 그럴 필요가 없으니 디자인에도 획기적인 변화가 올 것이다. 그뿐 아니다. 이미 구축된 시스템에 따라 움직이는 무인자동차이기에 사람이 직접 운전할 때 이루어지던 운전자들 간의 소통과는 다른 방식으로 차량들 간 소통이 이루어질 것이다. 도로표지판의 기능이나 역할도 변화될 것이다. 무인자동차와 도로표지판은 필요한 정보를 끊임없이 주고받을 것이다.

새로운 기술이 자동차에 적용되면서 자동차산업이란 틀 자체가 변하고 있다. 지금껏 자동차산업은 자동차 제조업이었다. 그런데 이제는 '움직이는 공간'을 제공하는 서비스업으로 진화하고 있다. 단순히 이동 수단을 조립하고 가공하는 제조업이 아니라 머물고 쉬고 즐기고 새로운 것을 창조하는 환경으로서 움직이는 공간을 만들어내는 서비스업으로 전환될 것이다.

바이오 기술, 의료산업을 리셋하다

의료산업은 21세기 고부가가치 창출의 핵심 산업 중 하나다. 이것을 부인하는 사람은 없다. '황우석 사태'로 전 국민의 관심을 끌었던 분야이기도 하다. 체세포 복제, 유전자 분석, DNA 합성 기술 등 새로운 바이오 기술의 등장으로 엄청난 속도로 발전하고 있다.

이 중 우리나라는 DNA 합성 기술이 세계적 수준에 도달해 있다.

DNA 기술로 매년 유전자 정보의 양이 두 배씩 늘고 있다. 반도체 기술보다 발전 속도가 더 빠르다. 이런 추세라면 앞으로 10년 후면 100만 종 이상의 생명체에 대한 유전자 염기 서열 정보를 축적하게 될 것이다. 지구상에 존재하는 거의 대부분의 생물체 DNA 정보를 유전자 데이터베이스에서 검색할 수 있다. 이렇게 되면 유전자 설계를 기반으로 인공 생명체를 만드는 첨단산업이 출현할 것이다. 지금까지는 전혀 없었던 새롭고 막대한 규모의 미래형 신산업이 출현하는 것이다.

이렇게 유전체정보시스템이 구축되면 질병 및 건강 문제를 빠르게 식별, 진단하고 치료할 수 있다. 정보의 광범위한 스펙트럼을 이용해 의과대학과 의료자재 공급자는 환자에 대한 전문가적인 판단으로 최상의 치료법을 개발하고 신약을 연구할 수 있다. 앞으로 의료산업은 치료가 아니라 예방에 집중하게 된다. 고령사회가 됨에 따라 암과 같은 큰 병에 걸리는 환자가 늘어나면 그 치료비와 유가족의 생계를 국가가 책임질 수밖에 없다. 그만큼 국가의 예산 부담이 커진다. 질병의 증상이 나타난 후가 아니라 발병하기 전에 예방하거나 아주 초반에 치료하면 더 많은 생명을 지킬 수 있다. 이렇게 되면 관련된 국가 예산도 절감할 수 있다.

의료 검진 기술의 발달은 검진을 위해 따로 시간을 내 병원에 방문하지 않아도 상시적으로 정확하고 개인화된 진단이 가능하게 할 것이다. 스마트폰이나 클라우드 컴퓨팅에 연결된 센서로 암, 혈액

속 포도당과 산소 농도, 심전도, 호흡 수 등을 체크할 수 있다. 심장마비와 뇌졸중 전도 등을 점검하기 위한 화학적 지표 검사도 상시적으로 할 수 있다. 이렇게 매일 체크하는 검진 정보는 개인용 의료 데이터베이스에 기록되고 만약 이상이 발견되면 자동으로 담당의사에게 그 내용이 전달되어 상담과 치료가 진행될 것이다. 물론 이 데이터를 기준으로 보험 가입도 이루어질 것이다. 건강보험도 이 데이터를 기준으로 금액이 적용될 것이다.

새로운 바이오 기술과 관련한 논란이 많다. 인공복제, 줄기세포, 맞춤형 유전자 조작 및 맞춤형 아기 등 윤리적 논쟁이 일어나고 있다. 다른 산업과 달리 인간의 생명을 직접 다루는 분야인 만큼 심도 깊게 고민해야 하는 것이 정상이다. 그렇다고 해서 연구의 속도를 늦추거나 주저해서는 안 된다.

예를 들어, 미국은 줄기세포 기술이 상당히 발달되어 있었지만, 그동안 연방정부에서 윤리적 문제로 부시 전 대통령 때까지는 공식적으로 줄기세포 산업에 대한 지원을 하지 않았다. 하지만 오바마 대통령이 집권하면서는 연방정부가 직접적으로 지원을 하기로 했다. 이유는 첫째, 오바마 대통령의 선거 공약이었고, 둘째는 바이오 산업의 큰 부가가치 때문에 더 이상 민간에게만 맡겨놓아서는 글로벌 경쟁에서 뒤처질 수 있다는 판단 때문이었다. 미래 비즈니스는 절대적으로 산업이 완성되기 전까지 국가가 적극적인 지원을 해주느냐 안 해주느냐에 따라서 성공의 수준이 결정된다.

우리나라에서도 줄기세포, 바이오 기술 부문에 상당 부분 연구가 많이 진행되고 있다. 2009년 우리나라 연구팀이 세계에서 네 번째로 유전자 게놈 지도를 분석했다. 그때 당시 총책임자는 현재의 기술에 따르면 개인들도 100만 원 정도의 비용으로 얼마든지 자신의 유전자 분석 지도를 가질 수 있는 시대가 5년 안에 도래할 것으로 예측했다.[26] 유전자 지도를 분석하면 현재 인간이 걸릴 수 있는 질병의 6,000가지에 접근할 수 있기 때문에 이 부분의 성과는 미래 비즈니스와 연관해서 아주 중요하다. 분석된 유전자를 기반으로 예방 의학이나 혹은 유전자 조작을 통해 병에 걸리지 않을 수 있도록 하는 획기적인 계기를 마련할 수 있기 때문이다. 예를 들어 어떤 사람의 유전자 지도를 분석해보니 앞으로 40대가 되면 암에 걸릴 확률이 높다는 진단을 받았다. 이런 정보를 알게 되면 첫째 예방을 할 수 있다. 그래서 체질을 바꾸든지, 면역력을 증식시키든지, 식이요법을 하든지 해서 유전자 구조 자체를 바꿀 수 있다는 것이다. 이를 통해 발병 확률을 낮추거나 늦출 수 있거나 병이 커지기 전에 완전히 치료할 수 있다. 물론 유전자 배열 구조를 바꿈으로써 질병의 발생 확률을 근본적으로 낮출 수도 있다. 개인적으로는 아마도 이런 기술이 5년 후에 100만 원 정도가 된다면 국가나 보험회사가 의무적으로 들라고 할 것이라고 본다. 왜냐면 보험회사는 사후에 드는 돈보다 예방하는 쪽이 훨씬 절감될 것이기 때문이다. 보험회사나 보험공단이 의무적으로 실시하거나, 그렇지 않으면 보험료를 별

---

[26] 〈문화일보〉, '1,000달러면 개인 게놈 분석…120개국에 고객', 2013. 7. 24.

도로 계산하든지 할 것이다. 조만간 이런 가능성을 활용한 의학적 비즈니스가 생기게 될 것이고, 사이보그 기술 등과 결합하여 새로운 스타일의 의료관광산업을 태동시킬 수도 있다. 의료관광산업도 2012년이면 1,000억 달러(120조 원)를 넘어서는 차세대 미래 산업군에 속한다.

최근 바이오프린팅과 나노프린팅 기술을 융합하기 시작했다. 바이오프린팅은 세포나 성장인자를 찍어내 3차원의 조직이나 장기를 만들어내는 기술이다. 3D 나노프린팅 기술은 컴퓨터에 설치된 프로그램을 통해 매우 정밀한 입체적인 피사체를 만들어내는 기술이다. 두 기술이 융합한 바이오-나노프린팅 시대가 열리고 있다. 2030년까지 바이오-나노프린팅은 2세대 맞춤의학 시대를 맞아 크게 성장할 것이다. 바이오-나노프린팅으로 개개인의 특성에 따른 의약품을 소량 생산할 수 있다. 따라서 저소득층의 희귀병도 적은 비용으로 치료할 수 있을 것이다. 의사들이 컴퓨터 프로그램을 통해 처방 약을 선택하면 바이오-나노프린터가 알아서 알약이나 주사액을 만들어주는 시대가 오고 있다.

그뿐 아니다. 최근 구글은 혈당 측정 기능을 갖춘 '스마트 콘택트 렌즈'를 개발하고, 애플은 스마트시계 '아이워치'를 이용해 헬스케어 서비스를 추진하고 있다. 사물인터넷 기술이 발달하면서 광대역 통신망과 모바일 기기를 통해 심장박동, 혈압, 호흡, 뇌파 심지어 기분까지 삶의 유지와 관련된 거의 모든 데이터를 24시간 원격 수집하고 관리하는 서비스가 가시화되고 있다. 바이오 산업이 IT를 비

롯한 다른 기술과 융합되면서 그 발전 속도가 빨라지고 있다.[27]

잘 늙지도 죽지도 않는 몸과 정신을 가진 인간

인류의 수명은 빠른 속도로 늘어나고 있다. 평균수명이 늘어나는 추세는 모든 나라의 공통된 현상이다. 의학과 생명공학의 발전에 힘입어 인간의 평균수명은 해마다 기록을 경신하고 있다. 저소득 국가일수록 수명연장과 고령화 속도가 빠르다. 대부분의 질병은 그 치료법이 나와 있으며 병균과 바이러스의 진화에 맞춰 신약 또한 속속 개발되고 있다. 불과 십수 년 전만 해도 불치병으로 분류되었던 질병이 완치 수준에 도달했다. 조기발견과 조기치료만 보장된다면 현대의학은 사실상 암마저 정복했다. 의학의 발달과 함께 예방의학과 의료복지는 인류를 질병으로부터 더욱 자유롭게 할 것이다. 과거 인류의 평균수명을 단축했던 전쟁으로 인한 사망과 기아와 질병으로 인한 사망이 여전히 존재하지만, 그 규모는 갈수록 줄어들 것이다.

수명연장과 함께 항노화(antiaging)의 혁신도 진행되고 있다. 수명이 늘어나는 것과는 반대로 노화의 속도는 점점 느려지고 있다. 현재는 피부 주름을 제거하는 등 노화를 막아주는 성형외과 시술이

---

27 〈디지털타임스〉, '바이오 메가융합, 신시장 주도권 경쟁 뜨겁다', 2014. 4. 29.

인기를 끌고 있다. 앞으로 미래에는 더욱 고차원적인 기술이 항노화에 적용될 것이다. 지금처럼 노화된 피부를 젊게 하는 것이 아니라 피부가 노화되지 않도록 예방하는 연구가 진행 중이다. 가장 흔하게 이용될 줄기세포 기술은, 세포 수준에서 노화방지 및 고령 질환을 낮추는 기술이다. 손상된 유전자를 정상 유전자로 대체함으로써 발병 원인을 제거하는 유전자 치료도 항노화에 적용될 것이다. 유전자 교체를 통한 피부색 전환, 노화 지연 등 미용, 항노화 산업이 부상할 것이다.

이렇듯 '영생(永生)'과 '회춘(回春)'까지는 아니어도 과거와 비교하면 인류의 몸은 잘 죽지도 늙지도 않게 되어가고 있다. 지금과 같은 속도로 변화가 진행되면 머지않은 미래에 평균수명이 120세에 이르고 최고령 나이는 150세를 돌파할 것이다. '40대 중년'이란 말은 사라질 것이고 '50대 청년'이란 말이 보편화될 것이다. 이러한 상황의 변화에 따라 '인생'과 '나이 듦'의 의미도 달라지고 있다. '은퇴'의 의미도 바뀌고 있다. 이처럼 수명연장은 단순히 생존의 시간이 길어짐을 의미하지 않는다. 수명연장은 삶의 의미와 같은 질적인 면에서의 변화를 일으키고 있다.

이뿐만이 아니다. 앞으로는 우리 몸이 아픈 건지 고장 난 건지 모호한 상황이 다가올 것이다. 몸이 고장 나는 시대가 오고 있다. 질병일 때와 고장일 때는 여러 가지가 다를 수밖에 없다. 병원에 간다고 해야 할까? 서비스센터에 간다고 해야 할까? 지금보다 인공 장기 관련 기술이 더 발전하고 보편화된다고 생각해보라. 우리 몸의 어느 정도를 바꾸면 인간이고 인간이 아닐까? 30%, 50%, 80%? 그리고 어느 부분을 인공 장기로 바꾸면 인간이고 인간이 아닐까? 심장, 혈관, 뇌? 이처럼 몸의 경계 문제가 발생할 것이다. C. S 루이스는 그의 소설에서 반대로 기계에 뇌를 이식했다. 그럴 때는 인간이라고 할 수 있을까?

몸뿐 아니라 정신에 관한 연구도 엄청난 속도로 진행되고 있다. 고령사회가 되면서 점점 더 큰 문제로 자리 잡고 있는 치매나 이런저런 이유로 점점 더 심각한 사회적 문제가 되어가고 있는 정신분열과 같은 문제도 머지않은 미래에 정복될 것이다. 현재 뇌신경지도를 그리고 분석하는 연구가 진행 중이다.

사실 예전에는 치매가 지금처럼 그렇게 큰 문제가 아니었다. 치매에 걸릴 만큼 오래 사는 이들이 적었다. 평균수명이 늘어난 지금은 그리고 지금보다 평균수명이 더 늘어날 미래에는 치매가 큰 문제일 수밖에 없다. 잘 늙지도 않고 죽지도 않는 몸을 갖게 되는 것만큼 정신의 수명도 연장되어야 하고 건강도 확보되어야 한다. 그래서 지금 세계가 인간의 정신에 대해 끊임없이 연구하고 있다.

이미 빛을 이용한 뇌지도 영상화 기술로 뇌 장소정보 습득 과정이 밝혀졌다. 독일과 캐나다 공동연구팀이 기존보다 50배나 정밀한 '3D 뇌지도'를 완성했다. 독일 율리히 신경의학연구소 카트린 아문트(Katrin Amunts) 박사 팀은 '빅 브레인(Big Brain)'이라는 3D 뇌지도를 제작했다. '빅 브레인'은 800억 개의 신경세포(뉴런)를 분석해 10년 만에 완성한 매우 세밀한 뇌 해부도로 자기공명영상(MRI)보다 10만

배 많은 데이터를 포함하고 있다.

연구자들은 '마이크로톰(절단기)'이라 불리는 특수 장비로 뇌를 0.02㎜ 두께로 잘라 미세 현미경으로 단층 촬영해 6,572장의 사진을 완성했다. 뇌 질환이나 정신질환을 앓은 적이 없는 사망한 65세 여성의 뇌에 파라핀을 채운 다음 머리카락보다 훨씬 더 가는 0.02㎜ 두께로 잘랐다. 7,400개의 단면 조각으로 자른 뇌를 미세 현미경으로 단층 촬영한 후 이를 모아 입체적인 뇌 해부도를 완성했다. 세포 구조를 보여줄 수 있도록 이 조각을 하나씩 염색하고 고해상 스캐너로 디지털화한 뒤 이를 컴퓨터로 재구성해 정밀 해부도를 완성한 것이다.

이렇게 완성된 '빅 브레인'은 뇌 조직을 $1\mu m$(1,000분의 1㎜) 단위까지 볼 수 있다. 기존 자기공명영상과 비교해 50배 세밀한 뇌 해부도를 만들었다는 점에서 초정밀 뇌지도인 셈이다. 빅 브레인은 건강하거나 병에 걸린 뇌에 대한 새로운 지식을 제공하고 있다. 마치 구글어스로 지형을 찾는 것처럼 뇌 구조를 찾아볼 수 있게 된 것이다. 사실 인간의 대뇌피질은 매우 주름져 MRI나 fMRI(기능성 자기공명영상) 등의 영상 기술로는 한계가 있었다. 빅 브레인은 알츠하이머, 파킨슨병 등 피질 두께의 변화와 깊은 관련이 있는 뇌 질환 연구에 활용도가 클 것이다.

이 연구 결과는 23개국 80개 이상의 신경과학 연구기관에 무료로 제공되어 전체 두뇌 영역의 상호작용과 분자 수준의 뇌 영역 연구에 활용되고 있다. 고령화가 빠르게 진행되고 있는 지구촌에서 치매는 사실 연간 10조 원 이상의 사회적 비용을 유발하고 있다. 국민

삶의 질에도 심각한 영향을 미친다. 치매를 앓는 당사자나 가족의 고통은 말로 표현하기 힘들 정도다. 그런데 바로 그 치매의 발병을 사전에 예측하고 진단할 수 있는 뇌지도를 구축하는 데 빅 브레인을 활용하는 것이다.

한국도 한국인의 특성에 맞춰 치매 발병을 예측하고 조기에 진단할 수 있는 '한국인 표준 치매 예측 뇌지도'를 2017년까지 구축할 계획이다. 이 뇌지도를 이용해 2017년부터 65세 이상 고령자들을 대상으로 치매 예측 조기진단 서비스를 제공하게 된다. 60대에서 80대까지 3,000명을 대상으로 뇌 MRI를 촬영해 정상인과 치매 직전환자, 치매 환자의 뇌 구조를 60, 70, 80대로 나눠 확보하고, 같은 연령의 500명을 대상으로 양전자단층촬영(PET) 이미지를 확보해 한국형 치매 예측 뇌지도를 완성할 계획이다.

이처럼 치매뿐 아니라 정신과 관련한 질환을 정복하기 위한 연구가 진행되고 있다. 앞으로는 몸뿐 아니라 정신도 잘 늙지 않고 죽지 않게 될 것이다. 미래학자인 미치오 카쿠(加來道雄, Michio Kaku)는 600페이지가 넘는 그의 책《미래의 물리학(The Physics of the Future)》을 '서기 2100년의 어느 하루'라는 가상 일기로 마무리한다.[28] 그 내용을 보면, 그때는 새롭게 개발된 약 덕분에 모든 인간이 젊음을 유지하며 살아간다. 자신의 삶에 매우 열정적인 두 남녀가 만나 결혼을 결심한다. 그때 남자가 자기는 사실 여든이라고 고백한다. 여자는 육십

---

[28] 미치오 카쿠,《미래의 물리학》, 김영사, 2012.

이라며 괜찮다고 한다. 둘 다 20대 후반의 외모다. 그들에게 육체 나이는 걱정할 게 아니다. 그들의 걱정은 스스로 죽기를 선택하지 않는 한 죽을 수 없는 몸을 가졌다는 것이다. 이 정도까지는 아닐지라도 지금과 그리 큰 간격이 없는 머지않은 미래에 우리는 지금까지와는 몸과 정신 양쪽 모두에서 무언가 다른 인류를 만나게 될 것이다. 도대체 무엇이 사람이고, 사람은 무엇일까?

21세기의 인간은 근본적으로 '사이보그'다. 이 말은 더 이상 우리를 위협하지 않는다. 사이보그는 결코 사이언스 픽션에나 등장하는 낯설고 이질적인 '기계인간'이 아니다. 어느 누가 질병과 노화가 불러오는 고통에서 벗어나고 싶지 않겠는가? 건강한 몸과 예리한 정신을 가지고 오랫동안 살고 싶어 하지 않는 사람은 없을 것이며, 이 모든 것을 바라는 사람은 과학과 기술의 도움을 받지 않을 수 없다. 사이보그가 과학기술의 힘을 빌려 긴 수명과 건강, 신체적 인지적 능력, 감정의 통제에서 '강화된 인간'이라고 한다면, 우리 모두는 이미 사이보그나 마찬가지다.[29]

가상인간과 함께 거리를 걷다

2013년 6월 미국 뉴욕의 링컨센터에서 열린 '글로벌 퓨처 2045 회

---

[29] 이진우, 《테크노 인문학》, 책세상, 2013.

의'에서 학자들은 신체 수명이 다한 후에도 인간의 정신이 살아남을 수 있는 방안을 논의했다. 참석자들은 인간의 두뇌 속 데이터를 컴퓨터로 전송해 홀로그램 상태의 가상신체를 만드는 프로젝트에 관한 견해를 나누었다. 회의를 주도한 러시아의 억만장자 드미트리 이츠코프(Dmitry Itskov)는 이 프로젝트를 통해 2045년까지 인간 불멸의 길을 열 수 있을 것으로 보고 있다.

이시구로 히로시(石黑 浩, ISHIGURO Hiroshi) 박사는 가상신체의 한 모델을 선보였다. 2045년을 목표로 한 이 프로젝트가 완성되면 시한부 환자와 중증 장애인에게 우선 적용될 수 있으며, 수명이 다한 사람의 정신을 가상신체로 옮겨 생명연장의 꿈도 실현할 수 있다. 인간의 정신을 가상의 대상물에 옮겨 수명을 연장하려는 이러한 시도는 윤리적 논란을 예고하고 있다. 심장 수축으로 혈관에 피가 흐르고 외부 침입에 민감하게 반응하는 세포조직을 갖춘 가상인간도 출현할 것이다. 인체 구조적, 생리적, 기능적 특성을 수치화해 컴퓨터 가상공간에 그대로 재현한 일종의 사이버 인간이다.

2016년쯤에는 심장과 대동맥을 결합한 컴퓨터 모델이 구현될 것이다. 가상인간은 인류의 질환을 보다 효과적으로 치료하고 예방하기 위해 시작됐다. 가상인간을 활용하면 실제 심장 수술에 앞서 최적 수술 부위와 경로 선택을 할 수 있는 가상 시뮬레이터나 심혈관 질환 치료 후 예후 측정 등이 가능하다. 신약과 의료기기 개발에 이용되는 동물실험과 임상시험을 대신해 윤리적 문제점도 없애고 개발비용도 획기적으로 줄일 수 있다. 이를 응용해 전자, 자동차 등 전통 제조업 분야에서도 유용하게 활용할 수 있다. 앞으로 가상인간 연구가 미래 첨단과학기술 분야 블루오션으로 떠오를 수 있다.

과거의 기능을 가져와 설명할 수도 있고, 만나서 이야기할 수도 있는 가상인간을 상상해보라. 가상인간 기술이 로봇이나 홀로그램과 연결되면 어떤 일이 벌어질까? 사람에게 싫증이 난 사람이 로봇과 결혼할 수도 있다. 사람보다 더 편한 반려자가 될 수 있다. 2000년 초반 일본에서 히트한 TV 시리즈에 나온 내용이다. 소개팅에서 매번 퇴짜 맞던 남자가 홈쇼핑을 통해 여자를 렌트한다. 물론 살아 있는 여자는 아니다. 가상여자다. 그런데 그 가상여자와 사랑에 빠진다. 기간이 끝나고 돌려보내야 할 시기가 왔는데 돌려보낼 수 없어 영구 구매를 한다. 헤어지지 않고 영원히 같이 살 수 있으니까 좋을 줄 알았는데, 그때부터 문제가 발생한다. 가상여자에게 기술적 문제가 생긴 것이다.

1999년 발표된 크리스 콜럼버스 감독의 영화 〈바이센테니얼 맨(Bicentennial Man)〉에서는 인간은 점점 로봇을 닮아가고 로봇은 점점 인간을 닮아간다. 로빈 윌리엄스(Robin McLaurin Williams)가 연기한 주인공 '앤드류 마틴(Andrew Martin)'이란 이름을 가진 로봇은 점점 인간을 닮아가다 결국에는 인간과 완전히 똑같아져서 최후에는 법적으로도 완전한 인간이란 인정을 받아낸다. 그러고는 그토록 원하던 행복한 죽음을 맞이한다. 처음에는 주인이었고 평생 사랑했던 부인과 함께 말이다. 그때는 기술이 발전해 죽지 않고도 살 수 있는데 죽음을 선택한다. 학자들은 인간이 반려 동물을 사랑하듯 그 대상이 로봇이라고 해도 사랑할 수 있다고 말한다. 남아 있는 숙제는, 인간이 인간을 사랑하듯 로봇이 그렇게 인간을 사랑할 수 있는 존재가 될 수 있느냐는 것이다. 인공지능이 인간의 감정까지 완벽히 재현할 수 있을 만큼 발전한다면 가능한 일이다.

미래학자인 레이 커즈와일(Ray Kurzweil)은 인간 지능보다 뛰어난 존재에 의해 인류 역사의 구조를 단절시킬 수 있는 사건, 즉 특이점이 발생할 것이라고 주장했다. 특이점을 뒷받침할 세 가지 혁명으로는 유전학(Genetics), 나노 기술(Nanotechnology), 로봇 공학(Robotics)을 말한다. 이 중 로봇을 가장 심원한 혁명으로 이야기한다. 인간의 지능을 뛰어넘는 강력한 인공지능이 세계에 영향을 미치기 위해서는 물리적 실체가 절대적으로 필요한데 바로 로봇 공학이 그것을 제공할 것이기 때문이다. 다음은 레이 커즈와일이 그의 책《특이점이 온다(The Singularity Is Near: When Humans Transcend Biology)》에서 인공지능과 로봇에 관해 이야기한 내용이다.

특이점을 뒷받침할 세 가지 주된 혁명들(G, N, R) 중에서도 R(로봇 공학)은 가장 심원한 혁명이다. 이것은 평범한 인간을 뛰어넘는 비생물학적 지능의 탄생을 뜻한다. 좀 더 지능적인 사고 과정이 탄생한다면 덜 지능적인 존재는 결국 뒤처질 것이고, 지능은 우주에서 가장 강력한 힘이 될 것이다.

GNR이라고 할 때 R은 로봇 공학을 의미하지만 진짜 문제가 되는 것은 강력한 AI(인간 지능을 뛰어넘는 인공지능)다. 그런데 로봇 공학을 강조하는 이유는 지능이 세계에 영향을 미치기 위해서는 육체, 즉 물리적 실체가 필요하기 때문이다. 사실 나는 물리적 존재를 강조하고 싶진 않다. 나는 핵심을 오로지 지능이라고 본다. 지능은 속성상 반드시 세상에 영향을 미칠 방법을 찾아 나설 텐데, 그 방법 중 한 가지로 물리적 존재인 육체가 있을 뿐이다. 우리는 물리적 기술마저도 기본적으로 지능에 포함된 것으로 볼 수 있다. 가령 인간 뇌 중 상당 부분(뉴런의 절반 정도를 차지하는 소뇌)은 물리적 기술과 근육을 조정하는 데 쓰인다. 인간 수준의 인공지능이 탄생한다면 그것은 언젠가 인간 지능을 초월할 수밖에 없다. 이유는 여러 가지 있다. 앞서도 말했듯 기계들은 쉽게 지식을 공유한다. 반면 평범한 인간들은 우리의 학습, 지식, 기술을 이루는 개재뉴런 연결과 신경전달 물질 농도 패턴을 남들과 쉽게 공유하지 못한다. 언어에 바탕을 둔 느린 소통 수단이 전부다. 물론 언어라는 수단은 매우 유용했다. 덕분에 인간은 다른 동물들과 다르게 되었고 기술도 창조할 수 있었다. (…)

기계는 사람과 달리 자원을 쉽게 공유한다. 사람도 여럿이 모이면 개인이 불가능한 물리적, 정신적 성취를 이뤄낼 수 있지만, 기계들은 그보다 더 쉽고 빠르게 서로의 연산, 기억, 통신 자원을 나눈다. 인터넷이 그 예다. 인터넷은 전 세계적 연산 자원의 망으로 진화하고 있으며 순식간에 거대한 슈퍼컴퓨터처럼 사용될 수 있다.

또 기계의 기억은 정확하다. 현재 컴퓨터는 수십억 가지의 사실을 정확하게 간직할 수 있는데, 그 용량은 매년 2배로 증가하고 있다. 연산의 속도와 가격대 성능비도 매년 두 배씩 늘고 있으며, 증가하는 속도

자체도 가속하는 형편이다.

인간의 지식이 점차 웹에 옮겨지고 있으므로 기계는 곧 모든 인간-기계 정보를 읽고, 이해하고, 종합할 수 있을 것이다. 반면 한 생물학적 인간이 세상 모든 과학 지식을 이해하는 일은 수백 년 전이면 모를까 지금은 불가능하다.

기계 지능의 또 다른 장점은 최고의 기술을 늘 최고의 수준으로 수행할 수 있다는 것이다. 사람은 누군가는 작곡을 정복하고 누군가는 트랜지스터 설계를 섭렵할 수 있겠지만 뇌 구조에 한계가 있으므로 모든 전문 분야에 대해 최고 수준의 기술을 습득하고 활용할 용량은 (또는 시간은) 없다. 인간의 기술은 또 수준이 천차만별이다. 인간 수준으로 음악을 작곡한다고 하면, 베토벤의 수준인가 평범한 인간의 수준인가? 비생물학적 지능은 모든 분야에서 인간 기술에 동등하거나 넘어설 것이다.[30]

로봇의 지능이 높아지고 자율성이 확대되면 인간과 로봇의 관계에도 변화가 일어날 것이다. 지금까지 로봇은 주인 혹은 사용자인 인간에게 종속되어 있었다. 앞으로는 점차 수평적 성격이 강화될 것이다. 로봇의 자율성이 아주 높아져서 스스로 학습하고 진화하는 단계에 도달하면 인간이 통제하기 힘들 것이라는 우려도 있다. 도대체 로봇에게 얼마나 높은 수준의 자율성을 부여해야 하는지가 지

---

[30] 레이 커즈와일, 《특이점이 온다》, 김영사, 2007.

능형 로봇 개발에서 중요한 쟁점이 되고 있다.

사람 닮은 로봇, 사람을 리셋하다

미래를 주제로 한 영화 중에 로봇이 인간을 지배하는 미래를 그리는 영화가 적지 않다. 따지고 보면 기계에 불과한 로봇이 인간을 지배하다니 상상만 해도 끔찍하다. 여하튼 인간은 로봇이 가져다주는 편리함과 혜택을 누리면서 동시에 두려움을 느끼며 경계한다. 그런데 도대체 로봇이 무엇이길래 이러는 것일까?

생각해보자. 미래의 로봇은 인간에게 해가 될까, 득이 될까? 당분간은 걱정하지 않아도 될 것 같다. 로봇이 인간을 정복하는 데는 최소 100년 이상의 시간이 걸릴 것으로 보인다. 그것도 로봇이 진화를 거듭하고 계획을 추진하는 동안 인간이 아무런 통제를 하지 않을 때를 기준으로 한 것이다. 당분간 로봇은 인간의 능력을 극대화하는 데 유용한 도구가 될 것이다. 로봇의 능력이 향상될 때마다 인간은 로봇을 적절하게 제어할 통제력을 터득할 것이다.

그러니 로봇과 관련한 질문을 바꾸어야 한다. '로봇이 인간을 지배하게 될까?'라고 질문하기보다 '앞으로 로봇은 어떤 모습으로 어떤 기능을 가지고 어떤 역할을 할까?'라고 질문해야 한다. 분명 로봇 산업은 가까운 시일 내에 큰 산업으로 성장할 것이다. 자동차산업을 능가하는 규모로 성장할 것이다. 이런 변화 속에서 다가올 새로운 기회를 찾아야 한다.

사실 우리는 오래전부터 로봇 시대를 경험해왔다. 공장에 가면 엄청나게 많은 로봇이 있다. 우리의 가정에도 로봇이 많다. 로봇은 사람의 일을 대신해주는 기계를 일컫는 말이다. 넓은 의미에서 보면 냉장고, 세탁기도 로봇이다. 이런 로봇을 기계식 로봇이라고 부를 수 있다. 그런데 미래에는 이런 기계적 로봇이 사람을 닮은 로봇으로 진화한다. 겉으로 보이는 모습만으로는 인간인지 로봇인지 구분할 수 없는 상황에까지 진화할 것이다. 모든 연구의 최종 목표는 사람을 닮은 로봇을 만드는 것이다. 겉모습뿐 아니라 사고능력까지 사람을 닮은 로봇이다. 현재의 로봇은 명령에 따라 단순작업을 반복하지만, 수학적 연산의 답을 인간보다 빨리 내놓는 수준의 계산능력을 갖췄다.

최근 인간처럼 생각하고 세상을 이해할 수 있는 시스템을 갖춘 로봇이 나왔다. 인지 로봇이다. 미국 엔지니어링회사 앱티마의 연구팀이 로봇의 인지 시스템을 개발하고 있다. 로봇과 인간이 협력해서 물건에 대한 인식을 효과적으로 하게 되며, 세상에 대한 지식을 쌓는 것이다. 시스템의 기본은 로봇에 내장된 데이터베이스다. 다양한 데이터를 분석해 모양을 인지하고 어떤 용도인지 찾는 것이다. 로봇은 상대적으로 제한된 감각을 지니지만 많은 자료를 단시간에 분석할 수 있다. 전체 개체를 완전히 인식할 수 없을 때는 기본 구성요소를 파악하고 비슷하게 맞출 수 있다. 데이터베이스를 통해 이러한 구성요소의 조합을 실행하면 로봇이 그 물건을 인지하거나 상황을 인지할 수 있다.

　로봇만 인간을 닮아가는 것이 아니다. 인간이 로봇을 닮기도 한다. 로봇의 일부 기능을 활용해 자신의 핸디캡을 극복하면서 점점 로봇을 닮아가고 있다. 로봇의 일부 기능을 사람에게 이식하거나 착용하게 해서 인간의 물리적 신체적 한계를 극복시키는 산업을 사이보그 산업이라고 한다. 고령사회 진입과 더불어 급속히 수요가 늘어나고 있는 분야다. 사람의 몸은 노화와 함께 신체의 기능이 저하된다. 하지만 사이보그 기술을 활용하면 젊을 때보다 더 나은 신체적 능력을 발휘할 수 있다.

　인공 망막이나 인공 눈 기술을 활용하면 시력을 완전히 상실한 사람도 세상을 다시 볼 수 있다. 인간이 사물을 본다는 것은 안구를 통해 들어오는 정보를 후두엽에 있는 시각을 담당하는 피질로 전달해서 사물을 인식하는 것이다. 이제 머지않아 나이가 들어도 안경을 끼거나 혹은 침침한 눈을 당연한 것으로 여기고 살지 않아도 된다. 백내장 수술을 하는 정도의 비용과 노력만 기울이면 된다.

　인공와우 기술을 활용하면 청력을 완전히 상실한 사람도 다시 들을 수 있다. 소리를 듣기 위해서는 1만 개가 넘는 육모 세포가 필요하다. 그런데 18개 정도의 인공와우만을 가지고도 청력을 회복할 수 있다. 아직은 3~5세 이내에 수술을 받아야만 완전한 청력을 회복할 수 있고 5세가 넘어가면 효율이 확연하게 떨어진다. 앞으로 관련 기술이 발달하면 시술이 가능한 연령대가 높아질 것이다. 이 외에도 인공 팔, 인공 다리 등이 등장하고 있다.

또한 입는 로봇이라는 새로운 형태의 사이보그도 가능하다. 현재 일본과 미국에서 적극적으로 개발하고 있는 입는 로봇의 경우 최대 200배의 힘을 발휘할 수 있는 수준까지 연구가 진행되었다. 사이보그 기술을 통해 뇌를 조정할 수도 있다. 뇌심부자극술이란 치료법이 그것이다. 가슴 부위에 작은 컴퓨터를 달고 컴퓨터에 연결된 전선을 뇌에 이식시키고 이를 통해 뇌를 자극하고 조절하는 기술이다. 파킨슨병 환자에게 시술되고 있는 사이보그 기술이다. 미국에서만 2만여 명 이상이 시술을 받았고, 치료 후 걷고 달리고 춤까지 출 수 있다. 아직은 초기 수준이라 대상의 한계가 분명한 것이 단점이다. 하지만 중요한 것은 인간이 뇌의 영역까지 통제할 수 있는 계기를 마련했다는 것이다.

현재 과학자들은 사이보그 기술을 통해 인간의 지능을 향상하는 데까지 관심이 있다. 미국의 과학자들은 쥐의 해마를 1㎜ 두께로 얇게 자른 후, 여기에 전기신호를 보내 해마의 작동기능을 분석하는 연구를 시행 중이다. 이렇게 분석한 해마의 기능들을 컴퓨터 칩으로 복원한다. 이런 일련의 칩들이 다시 하나의 칩으로 합쳐지게 되면 해마의 기능을 대신할 수 있는 인공해마가 완성될 수 있다는 논리다. 실제로 미국의 연구진들은 이 원리를 쥐의 실험에서 일부분 성공했다. 쥐의 해마를 분리해서 복원한 칩을 다시 쥐의 해마에 이식한 결과 쥐의 기억력이 50% 향상된 것이다. 물론 인간의 뇌의 기능 전체나 혹은 일부분이라도 완벽하게 복원하는 기술은 상당히 먼 기술이다. 로봇이 완벽하게 인간처럼 움직이거나 인간의 뇌 전부 혹은 일부분을 완벽하게 복원하려면 앞으로 100년 이상 걸릴 수 있다. 그런데 인공와우나 인공 눈에서 보듯이 신체 일부분이 사이보그 기술로 대체되더라도 기존의 다른 기능이나 영역과 결합해 탁월한 능력을 발휘할 수 있다.

미래형 서비스 로봇 산업을 놓고 펼쳐지는 치열한 전쟁은 이미 시작되었다. 미국의 경우 10년 이내에 무기의 33%를 로봇으로 대체하면서 미래형 군수산업의 새로운 지평을 열 준비를 하고 있다. 자동차산업을 능가하는 초대형 산업이 될 이 산업에서 승리하기 위해서는 미국처럼 군사용 로봇기술의 발달이 필수적이다. 우리나라도 2010년 초 미래형 로봇 개발의 로드맵을 발표했다. 우리나라는 2018년까지 농업, 의료, 문화, 홈서비스, 교육, 해양, 건설, 교통, 사회안전 등의 분야에서 미래형 로봇을 출시하겠다는 계획을 발표하고 본격적인 로봇 산업 전쟁에 뛰어들 준비를 하고 있다.

로드맵에 따르면 농업 분야에선 제초·시비 로봇(2013년 상용화), 이앙로봇(2013), 벼수확로봇(2018), 육묘생산로봇(2011), 과수수확로봇(2018), 축산분뇨처리로봇(2016) 등이 제시됐다. 의료 분야에선 치료용캡슐로봇(2015), 나노치료로봇(2018), 심장수술로봇(2016), 실시간 원격진단로봇(2012), 가정용장애인지원로봇(2018), 간호보조로봇(2018) 등이 시장창출과 개발에 유력한 로봇으로 제시됐다. 문화 분야에선 분신형 아바타로봇(2013), 타악기연주로봇(2012), 휴머노이드 연기자로봇(2018) 등이 제시됐고, 홈서비스 분야에서는 집사로봇(2015), 심부름·정리정돈로봇(2018), 노인생활보조로봇(2016), 가정교사로봇

(2015), 친구로봇(2018) 등이 제시됐다.

이 밖에 해양·건설·교통 분야에선 무인어군탐지로봇(2015), 해저자원탐사로봇(2014), 자율주행버스로봇(2017), 도로청소로봇(2017), 터널굴착로봇(2018) 등이, 교육 분야에선 교과목별 시뮬레이션로봇(2012), 체육보조로봇(2018) 등이, 사회안전 분야에선 소방로봇(2012), 산불진화로봇(2018), 침입감지경비로봇(2018), 무인교통단속로봇(2018), 송유관유출탐지로봇(2015) 등이 제안됐다.[31]

공장에서 사람의 일자리를 빼앗아 간 기계들을 생각해보자. 고용 없는 성장 시대를 살아가는 이유 중 하나가 기계화·자동화다. 기계화·자동화가 가장 잘된 나라가 일본인데, 로봇 한 대가 도입되면 34명의 일자리를 대체한다는 통계가 있다. 로봇은 이미 지난 30년 간 타이피스트, 티켓 판매원 등 인간이 하는 상당수의 일을 대체했다. 이런 변화가 앞으로 점점 빨라질 것이라는 게 전문가들의 분석이다. 칼 프레이 옥스퍼드대 교수는 "회계사, 비행기 조종사 등 현재 직업의 47%가 20년 내 사라질 가능성이 크다"고 전망했다.[32] 그런데 우리의 일자리를 빼앗아 가고 우리를 위기로 몰아넣은 그 기계들은 인간 근력의 일정 부분을 대체한 것에 불과하다. 그들의 기능을 살펴보면 인간이 근력과 몸을 사용해 할 수 있는 수많은 기능의 1,000분의 1, 10,000분의 1밖에 되지 않는다. 앞으로도 마찬가지

---

31 〈디지털타임스〉, '미래형 로봇 개발 로드맵 나왔다', 2010. 1. 17.
32 〈한국경제〉, '로봇의 습격…20년 내 현재 직업 47% 사라진다', 2014. 2. 5.

다. 근력을 대체하는 기계든 사이보그 기술이든 인공지능 기술이든 산업 현장에 적용될 때는 인간의 능력만큼 완벽해진 후에 적용되는 것이 아니다. 완벽한 인간처럼 할 수 있느냐, 없느냐가 중요한 것이 아니다.

제너럴모터스가 협력해 만든 나사의 로보노트(Robonaut)2는 최신 안드로이드 기술의 집합체다. 광범위한 센서와 정교한 다섯 손가락을 가진 손을 갖추고 있으며 우주정거장을 청소하거나 인간의 우주 작업을 돕는 보조 역할을 수행하고 있다. 이미 군용 로봇은 다양한 활용 방법이 제시되고 있다. 특히 험한 지형이나 위험한 곳에 장비를 운반할 때 군인 대신 자동무인 항공기를 보내거나 자동전투기를 보내며, 다양한 스파이 미션에 로봇을 사용하고 있다. 이처럼 위험도가 높은 업종부터 로봇으로 대체될 것이다. 로봇은 사람이 접근할 수 없는 지역에도 들어갈 수 있으며, 자연재해를 입은 사람들에게 결정적인 도움을 줄 수 있다.

로봇이 일자리에 미칠 영향을 연구해온 전문가들은, 일반적인 예상과 달리 육체적 영역에서도 당분간 인간이 우세할 것으로 전망하고 있다. 그렇게 전망하는 근거는 육체적 일의 대부분이 고도로 발달한 정신 능력이 있어야 하기 때문이다. 음식점 점원, 하수도 배관공, 간호사 등의 경우 직업 특성상 매우 복잡한 패턴 인식, 수시로 발생하는 다양한 문제, 주변 인물과의 끊임없는 소통이 이루어져야 하는데 인공지능은 아직 제대로 처리하지 못한다는 것이다. 하지만 육체적 노동이든 지식 노동이든 업무 패턴이 정형화되기 쉬운 작업은 지능형 로봇으로 대체될 것이다. 안내/비서 업무, 은행 출납, 계산대의 판매원 직종의 상당한 비중은 이미 콜센터의 자동 안내 시스템, 은행의 자동화기기, 티켓 자동 판매 시스템 등으로 대체되었다. 앞으로는 언론 기자의 직업도 위협을 받을 가능성이 있다. 일부 언론이 양산하는 단순한 사실 중심의 정형화된 전개 구조를 가진 스포츠, 자연재해 관련 기사는 기사 작성 전문 로봇에게 맡겨도 충분할 것이란 인식이 퍼지고 있다.

지난 2014년 3월 17일 LA에서 발생한 지진 뉴스를 〈LA 타임스〉에서 가장 먼저 작성, 배포한 기자는 사람이 아닌 로봇이었다. 지진이 발생한 것은 아침 6시 25분. 기사는 8분 뒤에 웹사이트에 올라왔다. 이 기사 말미에는 "이 정보는 USGS(미국 지질조사국) 지진 경보 서비스를 통해서 왔으며 이 포스트는 저자가 만든 알고리듬에 의해 작성되었다"라고 되어 있었다. 무슨 의미인가? 이 기사를 사람이 아닌 소프트웨어가 자동으로 작성했다는 뜻이다. 〈LA 타임스〉가 소프트웨어 로봇을 이용해 기사를 작성한 것은 이것이 처음이 아니다. 이미 2013년 2월 1일에 진도 3.2의 지진이 산 시면에서 발생한 기사가 나왔었다. 그 당시에도 바이라인에 나타난 이름은 켄 쉬웬키(Ken Schwencke)였다. 켄은 〈LA 타임스〉의 디지털 편집자이고 알고리듬을 작성한 사람이다.[33] Narrative Science라는 기업이 최초로 만든 기사 작성 로봇은 2010년부터 스포츠 기사 작성에 사용되었고,

---

[33] 〈아이뉴스24〉, '로봇은 언제 퓰리처상을 받을 것인가', 2014. 3. 25.

지금은 기업 실적 보고서 등으로 점차 활동 범위를 넓히고 있다. 물론 이 경우에도 분석 기사 등 직관과 창의성이 필수적인 업무는 여전히 인간 기자의 영역으로 남을 것으로 예상한다.

많은 사람이 앞으로 기계가 인간의 일자리를 뺏어갈 것이라고 한다. 정말 그럴까? 산업혁명이 일어났을 때 증기기관이 널리 이용되기 시작했다. 하지만 노동자의 수는 줄어들지 않았다. 달라진 환경에서 노동자들은 체력이 아닌 손기술, 협동, 통찰력, 창의력 등을 요구받았다. 지난 200년 동안 기술은 과거의 일자리를 없애는 동시에 새로운 일자리를 만들어왔다. 로봇 산업이 인간의 일자리를 뺏고 있다. 동시에 로봇 산업이 새로운 일자리를 만들고 있다. 아주 단순히 생각해보라. 로봇 디자이너, 로봇 엔지니어, 로봇 수리 전문가들이 점점 더 많이 필요한 시대가 되어가고 있다. 기억하자. 미래는 사람과 로봇이 공존하는 사회가 아니다. '사람을 닮은 로봇'과 '로봇을 닮은 사람'이 함께 어우러져 사는 세상이 될 것이다.

3D 프린터, 산업을 리셋하다

사무실이나 집 안의 책상 위로 프린터가 찾아왔을 때 우리가 경험했던 변화도 적지 않았다. 데스크톱 컴퓨터에 연결된 프린터는 마치 작은 개인용 인쇄소와 같았다. 프린터는 말 그대로 글자와 그림을 종이라는 평면에 잉크로 찍는 기계다. 그런데 3D 프린터는 물건을 3차원으로 찍어내는 개념이다. 글이나 그림을 프린터로 인쇄하듯 3차원으로 인쇄한다. 사실 인쇄라는 말보다는 제조나 제작이란 말이 어울린다. 그래서 3D 프린터가 새로운 산업혁명의 중심이 될 것이라고 말하는 이들이 많다. 덴마크 출신의 세계적인 미래학자인 롤프 옌센(Rolf Jensen)은 핀란드 출신의 경제학자인 미카 알토넨(Mika Aaltonen)과 함께 쓴 《르네상스 소사이어티(The renaissance society)》에 다음과 같이 적고 있다.

첫 번째 산업혁명은 영국에서 시작됐다. 증기의 힘으로 가동되는 공장이 그 중심에 있었다. 두 번째 산업혁명은 조립 라인의 등장과 함께 미국에서 발생했다. 포드자동차의 생산 라인에서 비롯된 포디즘이 대표적이다. 그리고 제3차 산업혁명이 앞으로 10년 안에 일어날 것이다. 그 바탕에는 나노 기술과 3차원 인쇄가 가능한 3D 프린터가 있다.
3D 프린터를 이용하면 세상 어디에도 없는 제품, 한정된 수의 복제품을 아주 낮은 비용으로 생산할 수 있다. 개인화 시대에 완벽하게 들어맞는 기술이다. 이런 프린터를 여러 대 갖춘 1인 공장은 야망이 넘치는 젊은 기업가들에게 꿈만 같은 공간이 될 것이다. 예술 작품에서 시작해 자전거에서 심지어 헬리콥터까지 만들 수 있다.
제3차 산업혁명은 세 차례의 혁명 중 가장 거대한 변화상을 수반할 것이다. 많은 사람들이 공장에서 일하길 그만두고 자기 사업을 시작할 것이다. 당신의 시선이 연장된 현재에 근거하고 있다면 이런 흐름을 놓칠 수 없을 것이다. 하지만 그간 해왔던 대로 단기적 시선에만

머무른다면 중앙 집중과 자동화라는 포디즘 수준의 패러다임에 영원히 갇히고 말 것이다.[34]

3D 프린팅은 3차원 설계도에 따라 한 층씩 소재를 쌓아 올려 입체 형태의 제품을 만드는 기술이다. 3D 프린팅을 이용하면 제품의 맞춤형 제조가 가능해진다. 아주 얇은 막(레이어)이 한 층씩 쌓이며 물건이 완성된다. 그래서 손으로 만들기 어렵거나, 매우 불규칙하고 복잡한 모양도 한 번에 인쇄할 수 있다. 이미 3D 프린터는 여러 분야에서 사용되고 있다. 각종 기업체와 연구소에서 시제품을 만드는 용도로 활용하고 있다. 일본에서는 로봇개발 업체 스기우라가 3D 프린터를 이용해 로봇 팔을 생산하고 있다.

정보화 사회가 정보의 개인화라는 혁명적인 변화를 만들어낸 것처럼, 3D 프린팅 기술은 제조업의 개인화, 공장의 개인화라는 또 다른 혁명적 삶의 변화를 불러오게 될 것이다. 3D 프린터는 제조업의 디지털화를 앞당겨 3차 혁명을 가져올 수도 있다. 버락 오바마 미국 대통령은 "거의 모든 것의 제조 방법을 혁명적으로 바꿀 잠재력을 가졌다"며 3D 프린터에 큰 기대를 걸고 있다. 3D 프린팅 기술 하나만으로 제3차 산업혁명을 일으킬 수 있다고 자신할 정도다.

지금까지 우리는 컨베이어 벨트로 상징되는 대량 생산의 세상에서 살아왔다. 가령 새로운 안경이 필요해 안경점에 갔다고 하자. 거

---

[34] 롤프 옌센·미카 알토넨, 《르네상스 소사이어티》, 내인생의책, 2014.

기에는 이미 수백여 개의 안경테가 진열되어 있다. 우리는 그렇게 이미 만들어져 있는 것 중에서 가장 좋은 것을 선택한다. 하지만 3D 프린팅 기술이 보편화되면 이런 풍경은 사라질 것이다. 미리 만들어진 안경테를 선택하는 것이 아니라 개인에게 최적화된 개인 맞춤형 안경테를 3D 프린터로 제작하게 될 것이다. 의류산업도 마찬가지다. 지금처럼 이런저런 디자인의 옷을 사이즈에 따라 진열해놓을 필요가 없다. 지금처럼 구간별로 정해져 있는 사이즈라는 개념이 사라질 것이다. 개인에게 최적화된 옷을 바로 그 자리에서 선택하고 제작하면 되니까 기성복이니 맞춤복이니 하는 구분도 사라질 것이다. 이렇게 되면 의류산업은 제조업과 유통업이 결합된 형태에서 소비자 개인을 대상으로 의상 스타일을 컨설팅하는 서비스업으로 전환될 것이다.

3D 프린터가 만들어낼 변화가 무엇인지 상상해보라. 미래의 상점은 제조와 판매를 겸하며 고객 개개인별로 완벽한 맞춤형 제품과 서비스를 제공하는 창조의 공간이 될 것이다. 이런 변화 속에서 우리에게 다가올 기회가 무엇인지 생각해보자. 3D 프린팅은 기존의 프린터가 종이에 잉크를 분사해 글자나 그림을 찍는 것처럼 제품의 원료를 층층이 분사해 실제의 물건을 생산해주는 공장이다. 만약 나만의 물건을 가지고 싶다면 마음에 드는 디자인 파일을 인터넷상에서 구해 다운로드 받은 후 직접 생산할 수 있다. 아니면 3D 프린팅 전문 업체에 파일을 보내 프린팅한 후에 배달받을 수도 있다.

3D 프린터는 바이오프린터로 더욱 발전할 것이다. 피부를 프린

트하는 것은 물론, 심장이나 방광 등의 장기를 프린트하는 기술이 급속도로 부상하고 있다. 고령화, 수명연장으로 인한 피부나 장기의 수요가 늘어나고 있다. 실제로 3D 프린터를 통해 폴리머로 특수 제작된 두개골로 한 남자의 두개골 75%를 바꾸는 수술이 2013년 3월 4일 진행되었다.[35] 3D 프린터로 유아용 기도 장비를 만들어 어린아이의 생명을 살리기도 했다. 연구진은 디지털 사진을 바탕으로 맞춤식 기도 부목을 만들었는데, 레이저를 기반으로 한 3D 프린터를 사용했기에 가능한 일이었다.

 3D 프린터는 우주산업에도 획기적 변화를 일으킬 것이다. 국제우주정거장에 필요한 부품, 고장 난 기계의 일부나 전체를 프린트해서 사용할 수 있다면, 무거운 물건이나 필요한 소모품을 우주선에 담아서 가지고 갈 필요가 없다. 중요한 부품이 고장 나서 우주인들이 생사의 갈림길에 서게 되었을 때 그들의 목숨을 구할 수 있는 중요한 기술이다.

 상상해보자. 3D 프린터가 스스로 제조하는 상황이 보편화되면 어떤 변화가 일어날까? 기업이든 개인이든 자신의 3D 프린터로 필요한 제품을 만들어 사용하게 된다면 어떤 변화가 일어날까? 우선, 해당 제품의 설계에 대한 값을 치르고 직접 프린터해서 사용하게 되면 물류 창고가 필요 없다. 제품 생산 과정에 들어가는 비용이 내려가기 때문에 '값싼 노동력'을 찾아 기업이 이동하는 일이 없어질

---

[35] 〈인데일리〉, '3D 프린터로 프린트한 플라스틱 두개골 임플란트가 가능해졌다', 2013. 3. 19.

것이다. 택배나 운송, 국가 간의 선적, 컨테이너 등 물자 운송과 관련된 일들도 줄어들 것이다. 국제교역이 필요 없는 세상이 될 수도 있다. 이렇게 되면 물건을 잘 만드는 숙련된 노동력의 가치는 현저히 떨어질 것이다. 새로운 것을 만들어내는 능력, 즉 창의력이 가장 중요해지는 시대가 될 것이다.

변화와 대이동의 큰 그림을 이해하라

1부에서는 땅의 이동을, 2부에서는 과녁의 이동을 이야기했다. 다음은 땅의 이동과 과녁의 이동이 서로 연관되어 있음을 보여주는 그림이다. 필자만 변화와 기회의 이동을 이야기하는 것이 아니다. 변화와 기회의 이동에 관한 이야기는 날마다 넘쳐난다. 새로운 정보가 나올 때마다 변화와 기회의 이동에 관한 여러 이야기가 만들어진다.

그런데 그렇게 넘쳐나는 정보를 꿰어 변화와 이동의 방향과 구조에 관한 큰 그림을 제시하는 경우는 많지 않다. 구슬이 서 말이라도 꿰어야 보배라고 했다. 각각의 정보를 정확히 아는 것과 동시에 큰 그림을 이해하는 것이 중요하다. 그래야 자신에게 진짜 필요한 정보가 무엇이고, 계속 집중해서 추적해야 할 변화의 영역이 무엇인지 알 수 있다. 또한 큰 그림을 알아야 줄기와 가지를 구분할 수 있다. 새로운 정보, 새로운 기술이라고 해서 변화와 이동을 만들어내는 데 똑같은 영향력을 나타내는 것은 아니다.

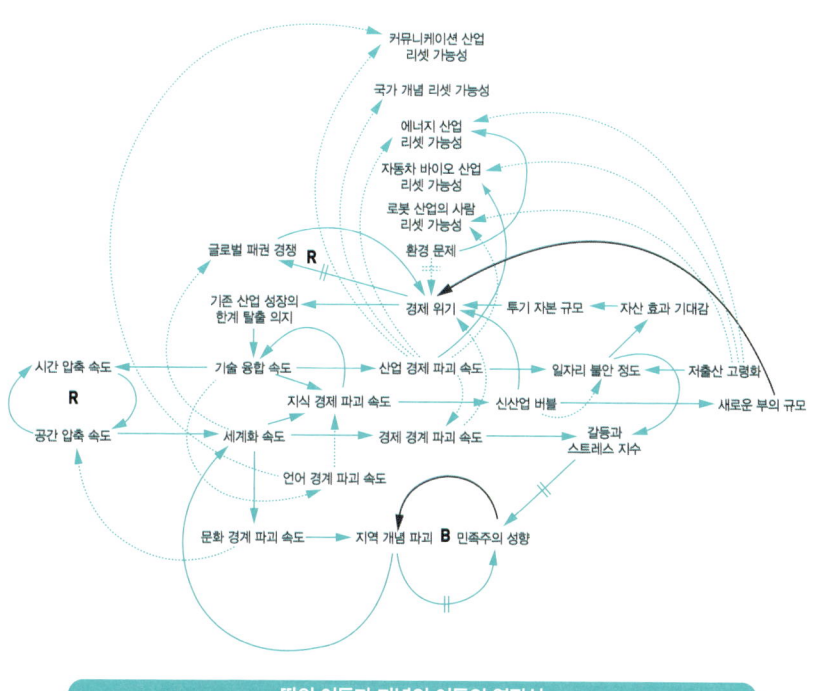

땅의 이동과 과녁의 이동의 연관성

THE EXODUS
OF
OPPORTUNITY

3

활의 이동
: 어떻게 움직이는 과녁을 맞힐 것인가

생각으로 미래의 모든 가능성을 헤아릴 수는 없다.
생각은 미래를 예측하지만, 행동은 미래를 만든다.

시간의 늪에서 벗어나야 자신의 꿈과 목표를 위한
진짜 중요한 일에 집중할 수 있다.
다른 사람들의 역량을 활용하는 것에 머뭇거리지 마라.
자신이 잘할 수 있는 일에 집중하라.
자신이 스스로 해야 하는 일에 집중하라.
다른 사람들을 창조적으로 도울 수 있는 일에 집중하라.
혼자 모든 것을 해야만 한다는 20세기 식 사고에서 벗어나라.

**THE EXODUS
OF
OPPORTUNITY**

 '도대체 무슨 일이 일어나고 있는가?'라는 질문과 함께 '그것은 나에게 어떤 영향을 미칠 것인가?'라는 질문을 반드시 던져야 한다. 그런데 '어떻게 대비해야 하는가? 무엇을 준비해야 하는가?'라는 질문을 던지지 않으면 앞의 두 질문은 의미를 잃고 만다. 누군가가 만들어놓은 길을 따라가려 하지 마라. 그 길을 따라 걸으면 언제나 뒤쫓아 가는 사람이 될 수밖에 없다. 준비하고 이끌고 앞서 가야 한다. 그때 거대한 기회를 맞을 수 있다. 길을 열고 깃발을 먼저 꽂아야 한다. 최초가 되고 오리진이 되어야 한다. 급변의 시기에는, 새로운 환경이 만들어지는 시기에는, 새로운 길이 만들어지는 시기에는 먼저 그 길을 걸어간 사람이 원조가 되고 전문가가 된다.

 나그네쥐(레밍 쥐, lemming mouse)에 관한 이야기를 알고 있을 것이다. 노르웨이 등지에 사는 이 설치류는 3~4년마다 한 번씩 대이동을 한다. 섬이라 무한히 멀리 넓게 퍼져나가지 못하고 갇힌 상황인데 포식자마저 없어 시간이 지나면 개체 수가 엄청나게 불어난다. 이런 상황에서 제일 가운데 사는 쥐들은 숨을 쉴 수 없을 만큼 조여오는 압박감을 견디지 못하고 폭발하듯 움직이기 시작한다. 밖으로 중심에서 가장 먼 곳으로 떠나기 시작한다. 그들과 비슷하게 스트레스를 느껴왔던 다른 쥐들도 따라 나선다. 마치 바로 그 순간을 기다렸다는 듯이 망설임 없이 움직이기 시작한다. 그렇게 줄지은 쥐 떼는 바닷가 낭떠러지에 도달하고, 뒤에서 따르던 놈들에게 떠밀린 것인지 아니면 앞서 뛰어내린 놈들을 따라 뛰어내리는 것인지 절벽 아래로 떨어져 삶을 마감한다.

참 슬픈 일이다. 그런데 숨을 쉴 수 없을 만큼 조여오는 압박감을 경험하는 것은 나그네쥐들만이 아니다. 바로 우리들의 이야기이기도 하다. 점점 더 강해지는 압박에 어찌해야 할지 모를 때 우리는 주변을 살피게 된다. 그러다 보면 주변의 큰 흐름에 따라 움직일 때가 있다. 이렇게 나그네쥐처럼 별 의식 없이 타인을 따라 움직이는 것을 '레밍효과(lemming effect)'라고 한다.[1] 물론 상황과 환경 등의 주변을 살피는 것은 중요하다. 애써 타인과 달리 행동하기 위해 노력할 필요도 없다. 갑작스럽게 변화된 상황에 어떻게 대처해야 할지 판단이 서지 않았을 때는 조금 천천히 기다리면서 상황을 주시하는 것도 필요하다. 성공한 타인의 길을 따라 걷는 것도 지혜다. 하지만 의식 없이 타인을 따라가거나 머뭇거리다 보면 기회를 잃고 만다.

---

[1] 알 리스, 《브랜딩 불변의 법칙》, 비즈니스맵, 2008.

기회는 항상 이동하고 있다. 지금 이 순간 이동하는 땅 위에서 이동하는 과녁에 적중하기 위해 무엇에 집중해야 하는지를 질문해야 한다. 어떻게 이동하는 기회를 잡을 것인가? 어떻게 움직이는 과녁을 맞힐 것인가? 첫 번째 전략은 예측하고 쏘기다. 가만히 한곳에 머물러 있는 새가 아니라 창공을 날고 있는 새가 우리의 표적이다. 그렇게 움직이는 표적을 정확히 맞히려면 머물러 있는 표적을 맞힐 때와는 다르게 접근해야 한다. 무엇보다 예측하고 조준해야 한다. 움직임의 방향과 속도를 확인해야 한다. 그러기 위해서는 그 새가 어떤 종류의 새인지 알아야 한다. 지금의 나의 능력과 상황에서 잡을 수 있는 새인지 확인해야 한다. 새의 생태, 현재 상태에서 보이는 고도, 방향, 속도, 나와 목표의 거리 등을 확인해야 한다. 관찰하는 순간 새의 위치도 중요하지만, 더욱 중요한 것은 활과 새가 만나는 순간의 새의 위치다. 그렇다. 현재를 기반으로 미래를 예측해야 한다. 새의 특성을 이해하고 더불어 나의 역량도 분석해야 한다. 내가 가진 활의 성능, 기술, 능력, 당시의 컨디션까지 분석해야 한다. 그래야 새와 활이 만나는 바로 그 지점을 계산할 수 있다.

두 번째는 따라붙기다. 기회가 이동하는데 도저히 예측이 되지 않을 때 구사하는 전략이다. 미래학자들도 현재 가까운 미래에 가능할 것들에 따라붙는 방식을 취하는 경우가 있다. 헬기도 움직이고 사다리도 움직이는데 위태롭긴 하지만 따라갈 수는 있을 것이다. 이것이 얼마나 안전한 사다리인가를 점검해야 한다. 사다리를 올라가는 속도와 헬기 연료의 양, 여러 가지 환경, 예컨대 바람과 같은 변수를 잘 파악해야 한다.

첫 번째가 내가 원하는 미래의 타깃이 예측범위에 들어왔을 때 구사할 수 있는 전략이고, 두 번째가 움직이는 과녁이 가시거리에 들어오지 않았거나 시기상조일 때 유용한 전략이라면, 세 번째는 더 예측하기 힘든 상황에 먼저 가서 스스로 길을 만드는 것이다. 예측이나 데이터 분석보다 용기와 모험심, 개척정신이 요구되는 전략이다. 기회의 이동 축을 내 쪽으로 아예 맞춰가는 것이다. 신궁이 되는 비결을 찾아 이곳저곳을 열심히 돌아다니는 궁수가 있었다. 어느 산에 신궁이 있단 소문을 듣고 찾아갔더니 소문대로 표시된 과녁마다 예외 없이 명중되어 있었다. 신궁에게 비결을 물었다. "먼저 쏘아라. 그런 다음 붓으로 과녁을 그려 넣으면 된다." 순간 귀를 의심할 수밖에 없었지만, 그것이 사실이었다. 먼저 쏘고 과녁을 그렸다.

기회가 이동하고 있다. 고정된 과녁이 아니다. 말 그대로 그 위치가 고정되어 있지 않은 이동하는 과녁이다. 그렇다. 지금 우리가 직면하고 있는 시대는 불확실성이 가장 확실한 사실인 시대다. 모든 것이 불확실해지고 있다. 언제나 한곳에 머물러 있던 것마저 움직이기 시작했다. 이렇게 불확실성이 지배하는 시대에 우리는 불확실성에 대해 어떻게 반응해야 할까? 의심하고 불안해하고 표류하고 방황해야 할까? 아니다. 이것이 답이 아니라는 것은 자명하다. 그러면 어떻게 해야 할까? 지금까지 우리가 알고 있던 것들이 흔들리고 있다. 열심히 익히고 배우고 채워왔던 것이 흔들리고 있다. 어떻게 해야 할까? 앞에서 제시한 세 가지 전략을 자주 사용해서 한시라도 빨리 몸에 익혀라. 실패해야 세 가지 전략을 몸에 익힐 수 있다. 인생의 성공을 위해서는 실패의 경험이 반드시 필요하다. 실패를 통해서도 얻을 수 있는 것이 많기 때문이다. 실패를 통해서만 배울 수 있는 것이 있기 때문이다. 그래서 어른들은 한결같이 이렇게 말한다.

"실패는 빨리할수록 좋다!"
"나이 들어서 실패하면 재기하기 힘들다!"

세 가지 전략을 알아도 실패할 것이다. 아니, 빨리 실패해서 전략을 몸에 익혀야 한다. 실패는 뒤로 가는 것이 아니다. 실패는 두세 걸음 갈 것을 한 걸음이나 반걸음밖에 못 간 것이다. 실패를 두려워해서는 절대로 반걸음도 앞으로 못 나간다. 아니, 움직이는 땅 위에서는 가만히 있으면 뒤로 밀린다. 생각으로 미래의 모든 가능성을 헤아릴 수 없다. 해봐야 미래의 변화를 인지할 수 있는 영역이 더 많다. 생각은 미래를 예측하지만, 행동은 미래를 만든다.

앞으로는 얼마나 많이 알고 있느냐보다 얼마나 다양한 경험에서 체득하고 체화해 창조해내느냐가 경쟁력의 핵심이 될 것이다. 끊임없이 이동하고 불확실성이 커지는 상황이기에 고정되어 있는 지식은 그만큼 가치를 잃어버릴 수밖에 없다. 과학과 공학의 성과는 상당 부분 자동화 컴퓨팅으로 대체되어 경쟁력을 잃을 것이다. 인간의 본성을 탐구하고 그것에 근거한 가치를 창출할 수 있는 인재가 중용될 것이다. 인재의 정의가 바뀌고 있다. 동시에 인재의 조건도 이동하고 있다. 새로운 시대를 이끌어갈 인재는 이전 시대와 다른 조건이 요구되고 있다. 지그문트 바우만의 이야기에 주목하라.

새로운 세계 엘리트 계층에 진입할 수 있는 자격은 '무질서 상황에서 머무를 수 있는 자신감'이고 '낯선 환경에서도 꽃필 수 있는 능력'이다. 그런 자격을 얻으려면 '하나의 특정한 일자리에 자신을 묶어서 꼼짝달싹 못하게 되지 말고 여러 가지 다양한 가능성들 가운데서 자신의 위치를 잘 포착하는 능력'이 있어야 한다. 그리고 준회원의 자격을 얻으려면 '자기가 이룬 것들을 파괴할 의향', '남에게 줘버리지는 못해도 버릴 수 있는 의향'이 있어야 한다. 이는 모두 새로운 사이버 시대의 엘리트의 본보기이자 상징인 빌 게이츠의 성격 연구에서 리처드 세넷이 포착한 특징들이다. 이러한 특징들이 모여 가장 중요한 계층화 요인—다른 모든 사회적 지위들을 좌지우지하는 중요한 초요인(metafactor)—이 형성되는 까닭은 이러한 특징들을 갖고 있는 사람들이 어떤 상황에 놓여 있느냐에 따라 이 특징들이 전혀 상반된 효과를 낳기 때문이다. 상위 계층에서는 활력 넘치고 흥미로운 즉흥성을 보이는 특징이 유연한 체제의 하위 계층에서는 자기파멸적인 특징이 되어버린다.[2]

---

[2] 지그문트 바우만, 《방황하는 개인들의 사회》, 봄아필, 2013.

인재의 정의가 바뀌고 있다

미래에는 누가 인재가 될 것인가. 지금과 비교해보자. '스펙(specification)'은 변별력을 상실하게 될 것이다.[3] 세계화의 가속화로 언어장벽이 사라진 상황에서 외국어 능력은 경쟁력이 없어진다. 구글번역기 같은 언어소통 솔루션의 발달은 언어학습의 필요성을 획기적으로 떨어뜨릴 것이다. 기술지식 역시 그다지 중요한 경쟁력이 되지 못할 것이다. 대부분의 기술은 공개되었고, 공개되지 않은 기술은 돈을 주고 구입할 수 있게 된다. 명문대 공대생이 4년 동안 배운 내용은 90% 이상이 이미 기업에서 컴퓨팅과 프로그래밍으로 가능한 것들이다. 기술은 굳이 배우지 않아도 되고 배운 것을 써먹을 기회조차 없게 되는 것이다.

기업은 이제 대학 졸업장을 원하지 않는다. 대신 학사 혹은 그 이상의 학위에 상관없이 제대로 된 기술과 지식을 갖춘 인재를 원한다. 이러한 수요는 사무실, 생산 공장, 병원 로펌 등을 포함해 거의 모든 사업장의 직업군을 관통한다. 세계에서 가장 큰 노동력을 보유한 세 국가인 미국, 중국, 인도에서 실제로 이러한 일이 벌어지고 있다.[4] 우리가 알고 있는 지식이라는 것들은 갈수록 가치가 떨어질 것이다. 굳이 습득하거나 외우지 않아도 언제 어디서든 검색하고

---

[3] 오쿠야마 노리아키·이노우에 겐이치로, 《스펙이라는 거짓말》, 새로운현재, 2013.
[4] 트렌즈지 특별취재팀, 《10년 후 일의 미래》, 일상이상, 2013.

활용할 수 있기 때문이다.

언어소통보다는 의사소통이, 지식보다는 지혜가, 암기력보다는 이해력이, 매뉴얼보다는 창의력이 경쟁력 있는 스펙이 될 것이다. 인재상도 많이 달라질 것이다. 제품을 팔기 위해서는 제품도 잘 알아야 하지만, 제품을 구매할 사람을 잘 이해하는 사람이 경쟁력을 가지게 될 것이다. 사람을 이해한다는 것은 사람의 심리, 사람의 역사, 사람의 철학, 사람의 성향, 사람의 정서와 감정, 감성까지 잘 이해한다는 뜻이다. 결국 인문학적 소양이 매우 중요한 스펙이 될 수 있다. 이해력과 추진력 및 판단력, 성숙한 인성 등의 인문학적 소양은 소수의 대학생에게서만 찾을 수 있다. 즉, 엄청난 수의 학생들이 대학을 졸업해도 대학 교육을 받지 않은 사람보다 그다지 탁월하지 않다.[5]

미래는 소비자시민의 파워가 극대화할 것이다. 인터넷과 SNS는 기존 미디어와는 비교할 수 없을 정도의 파급력을 확보하게 될 것이다. 익명의 1인 소비자의 불만은 주요 언론사나 소비자단체의 공식적인 보도나 고발보다 훨씬 큰 파괴력을 미칠 것이다. 거대기업의 홍보실은 능수능란하게 매스미디어를 관리하고 통제할 수 있을지는 몰라도 언제 어디서 출현할지 모르는 네티즌, 블로거, 트위터리언에는 속수무책일 수밖에 없게 된다. 신문 지면이나 방송카메라는 차라리 안전한 관리대상일지 모른다. 남양유업 사태는 이런 미래를 미리 보여주는 대표적인 사례다. 수십 년 동안 쌓아왔던 기업

---

[5] 트렌즈지 특별취재팀, 《10년 후 일의 미래》, 일상이상, 2013.

의 운명을 하루아침에 바꾸어놓는 것은 기술력이 아니라 명성과 이미지다. 기업의 사운은 최고경영자나 중역들이 아니라 고객과 거래처와 일상적으로 접촉하는 불특정 다수의 개별 직원에 달려 있으며 이들의 사소한 실수나 불만이 걷잡을 수 없는 화를 부를 수 있다.

결국 인성이 능력이 되는 시대가 올 것이다. 친절, 인내, 이해심, 책임감, 윤리의식이 중요한 인재의 조건으로 재정립될 것이다. 기업은 그런 인재를 선택하고 그런 기준에 따라 교육할 것이다. 그런 기업만이 미래를 약속할 수 있다. 다시 강조하지만, 사람을 알아야 이긴다. 사람전문가가 필요하다. 사실 인문학의 위기를 말해온 지 오래다. 대학에서는 인문학 관련 학과가 사라지고 있었다. 인문학보다는 실용적인 학문을 가르치고 배우는 학과가 인기였다. 그런데 그 어느 때보다 인문학이 필요한 시대가 되고 있다. 사람을 연구하는 학문, 인문기술이 떠오르고 있다. "인문학은 인생에 대한 물음과 해답을 시도하는 것이자 개인과 공동체의 삶을 이해함으로써 인간의 자기 이해를 풍요롭게 하는 학문이다."[6] 사람들은 인문과 기술을 다른 것으로 생각하지만 그렇지 않다. 기술 역시 사람에서 시작해서 사람으로 마무리된다. 사람을 무시하는 기술은 사람을 향한 기술을 이길 수 없다.

스티브 잡스는 "애플은 인문학과 기술의 교차점에 있다"는 이야기를 한 적이 있다. 이 말은 기술뿐 아니라 인간 지향적인 애플의

---

[6] 강양구·서동욱·우찬제 외, 《싸우는 인문학》, 반비, 2013.

문화와 가치관을 보여준다. 스티브 잡스는 늘 자신이 기술과 인문학의 중간에 있었으며, "애플의 DNA에는 기술뿐만 아니라, 인문학이 녹아 있다"고 강조했다. 대학을 중퇴하기는 했지만, 철학을 전공한 철학도답게 "소크라테스와 한나절을 보낼 수 있다면 애플이 가진 모든 기술을 내놓겠다"고 공언할 정도로, 인문학에 자신과 애플의 모든 것을 걸겠다는 의지를 보였다.

이런 그가 보여준 실례 중 대표적인 것이 '아이튠스(iTunes)'다. 사람들은 '뮤직 플레이어' 안에 '뮤직 라이브러리'가 있어야 한다고 생각한다. 가방 안에 책이 있고, 컴퓨터 안에 파일이 있듯이 뮤직 플레이어 안에 뮤직 라이브러리가 있어야 한다는 생각은 당연하다. 문제는 인간의 소유욕망이다. 결국 이러한 인간의 소유심리가 불법복제라는 인터넷 사생아를 낳았다. 이에 맞선 스티브 잡스의 결과물이 아이튠스다. 스티브 잡스는 불법복제를 하는 사람의 마음, 심리, 그 행동의 원리와 경쟁하고자 했다. IT 엔지니어 스티브 잡스가 인문학을 만나서 사람을 알기 시작하고 사람의 마음속에 들어가자 관점의 틀이 달라졌다. 처벌과 양심이라는 단선적인 틀에서 벗어나 더 나은 환경의 제공이라는 새로운 인식의 틀을 만들어낸 것이다. 결국 '합법적인 다운로드 시장'이라는 새로운 시장이 창출되었다. 스티브 잡스가 꿰뚫어보았듯이 이처럼 경제논리든 IT 논리든 모든 것은 사람의 심리와 관련되어 있다.[7]

---

[7] 이남훈, 《CEO 스티브 잡스가 인문학자 스티브 잡스를 말하다》, 팬덤북스, 2011.

인문학적 통찰력과 예술적 감수성이 그 어느 때보다 중요한 시대가 되고 있다. 인문적 소양을 갖춘 이른바 '사람전문가'가 주목받는 시대가 오고 있다. 사람에 대한 관찰과 탐구, 그리고 관심과 애정이 있는 사람이 거의 모든 분야에서 경쟁력을 확보하게 될 것이다. '마음을 쓰는 서비스'가 '머리를 쓰는 서비스'를 뛰어넘어 가장 자연스럽고 가장 필요한 서비스로 기업과 고객과 직원이 모두 행복한 상황을 만들게 될 것이다.[8]

서비스의 핵심은 한 고객이 가진 '그'만의 정체성을 확인해주는 과정이다. 고객이 가장 중요하게 생각하는 것, 가장 인정받고 싶어 하는 것을 파악해 고객만의 고유한 영역을 느끼게 해주는 서비스가 필요하다. 고객의 상황을 진심으로 이해하는 성품을 가진 사람이 돼야 한다. 고객의 신뢰를 얻는 것 또한 매우 중요한 일이다. 시간을 지킨다든지, 입이 무겁다든지 아니면 자신의 실수를 인정한다든지 하는 작은 부분에서 출발할 것이다. '그 사람은 항상 내 편에서 일한다'는 느낌을 줘야 한다. 고객의 욕구를 꿰뚫어보는 능력이 있다면 고객을 더 빨리 이해하고 가장 정확한 해결책을 내놓을 수 있다. 매뉴얼에 나오는 서비스가 아니라 그 사람에게 맞는 서비스가 절실하게 된다. 따뜻한 인성이 가미된다면 고객은 자신의 인생에서 가장 특별한 경험을 하게 될 것이다.

새로운 시대는 '소비자전문가', '사람전문가'의 시대가 될 것이다.

---

8 정진홍, 《인문의 숲에서 경영을 만나다》, 21세기북스, 2007.

스마트폰 시장을 양분하고 있는 아이폰(iPhon)과 갤럭시(Galaxy)의 차이는 무엇일까? 겉으로 보이지 않는 기술적 차이가 분명 존재할 것이다. 그런데 그보다 더 중요한 것은 사용의 편이성이다. 아이폰의 특징은 사용하기 편하다는 것이다. 아이폰이 제공하는 매뉴얼은 달랑 한 장이다. 반면 갤럭시의 매뉴얼은 수십 페이지가 넘는다. 이것이 아이폰과 갤럭시의 차이다. 직관적으로, 매뉴얼 없이 사용할 수 있어야 한다. 이것이 새로운 시대가 요구하는 기준이자 기술이다. 사용자의 눈높이에 맞춘 기술, 기준이 요구되는 시대다. 사용자에게 새로운 기술을 익히라고 강요하는 시대는 종말을 맞이하고 있다. 사실 이것은 매킨토시(Macintosh) 방식과 도스(DOS) 방식의 차이이기도 했다. 애플을 베껴 만든 것이 윈도(Windows)다.

산업주의 시대 패러다임은 대량생산이었다. 하지만 정보산업 시대, 민주화 시대의 코드는 일대일 맞춤형 소품종 다량생산이다. 앞으로 이런 현상은 더욱 강화될 것이다. 상황이 이러다 보니 기술전문가보다는 사람전문가를 찾는 기업이 점점 더 많아질 것이다. 사람을 아는 사람이 필요하다.

"아무리 부대상황이 바뀔지라도 인간이 원하는 기본적 욕구는 본질적으로 똑같다는 사실은 과거, 현재, 미래를 관통하는 매혹적인 특징이다.

심리학자 매슬로(Abraham Harold Maslow)가 오래전에 설명했듯 인간은 자신과 사랑하는 사람들의 안전을 원한다. 그리고 자신이 사는 공동체에서 존재감, 소속감을 느끼고자 하며 성취감과 성공적인 결과물을 얻고 싶어 한다. 어떤 사람은 '자아실현'을 이루고 싶어 한다. 이런 기본적 욕구는 개인, 가족 그리고 공동체의 삶을 결정한다. 바뀌는 것은 부대상황이다. 기술과 연결성, 주위를 둘러싼 물질적 재화 같은 부대상황이 변할 따름이다."[9]

지금은 소품종이라도 공장에서 찍어낼 수 있다. 기본적으로 인간의 본능은 내게 맞는 것을 쓰고 싶어 하고 그것이 기술적으로 가능하다. 대중의 심리보다 개개인의 특성을 아는 사람이 필요하다. 이런 사회에서는 자기가 좋아하는 것을 잘하면 길이 열린다. 기업에서도 그런 인재를 원한다.

인재의 조건이 변하고 있다

거듭 강조했지만 기회의 판이 이동하고 있다. 당연히 인재에 대한 기준도 변할 수밖에 없다. 새로운 판에는 새로운 기준이 적용된다. 그렇다면 인재의 조건은 어떻게 변화될까? 다가오는 미래, 불확정성이 당연함이 되는 그 미래에 우리의 생존 해법은 무엇일까? 살피고 따져봐야 할 것이 적지 않다. 연습, 경험이란 단어를 즐겨 사용하지만, 우리가 만나는 오늘은 늘 실전이다. 그리고 다가오는 내일 역시 실제의 전쟁, 실전이다. 그러니 대충 대강 준비하고 전쟁터에

---

[9] 린다 그래튼, 《일의 미래》, 생각연구소, 2012.

나설 수는 없다. 그렇다고 길고 복잡한 이야기를 나눈다고 해서 해답을 얻을 수 있는 것도 아니다. 핵심을 찾아 추적하고 정리하는 것이 중요하다.

미래 인재의 조건을 간략히 정리하면 SMART다. SMART는 Sense, Method, Art, Relationship, Technology의 묶음이다.

미래 인재 조건 S.M.A.R.T.		
Sense	사물이나 현상에 대한 감각, 판단, 통찰력을 기르라	직관적 통찰력 훈련된 통찰력
Method	조직적이고 체계적인 방법을 갖추라	종합적/분석적 사고 체계적 업무처리 능력
Art	자신의 지식과 기술을 예술의 경지로 높여 장인이 되라	숙련된 지식 예술적 상상력
Relationship	친밀한 관계를 확보하라	네트워크, 집단지성 인격/성품, 커뮤니케이션 능력, 공감 능력
Technology	최신 기술을 활용하고 기술지능을 높여라	하드웨어/소프트웨어 활용 능력, 기술지능

Sense 사물이나 현상에 대한 감각, 판단, 통찰력을 기르라

스티브 잡스, 지금은 그 이름만으로도 여타의 설명이 필요 없는 존재다. 하지만 그의 인생의 시작은 화려하지 않았다. 그는 젊은 미혼모의 아들로 태어나 입양아로 자랐다. 1976년 스티브 워즈니악과 동업으로 애플 컴퓨터 회사를 세운 이래 일반 PC에 최초로 마우스를 장착하는 등 세계에서 가장 혁신적인 상품과 비즈니스를 이끌었다. 스티브 잡스는 시대를 선도하는 혁신적인 아이디어로 매킨토시 컴퓨터, 아이맥, 아이팟, 아이폰 등 컴퓨터와 휴대전화, 디지털 플레이어, 온라인 음악스토어, 온라인 앱(App) 스토어 등을 크게 히트시켰다. 또한 픽사(Pixar) 애니메이션을 통해 세계 최초로 컴퓨터 3D 애니메이션 영화인 〈토이 스토리〉를 만들었다. 〈몬스터 주식회사〉, 〈니모를 찾아서〉, 〈인크레더블〉 등 창의적 3D 애니메이션을 히트시키며 픽사를 디즈니를 능가하는 세계 최고의 애니메이션 스튜디오로 성장시켰다.

이처럼 스티브 잡스는 독창적인 아이디어와 혁신적 미학을 바탕으로 금세기 최고의 경영자로 인정을 받았다. 그런데 그의 놀라운 상상력과 최고의 의사결정 능력은 어디서 비롯되었을까? 2005년 8월 스탠퍼드대학 졸업식장에서 스티브 잡스는 스스로 비밀을 공개했다.

"내가 나의 호기심과 '직관'을 따라가다가 부딪힌 것 중 많은 것들은 나중에 값으로 매길 수 없는 가치들로 나타났습니다……. 가장 중요한 것은, 당신의 마음과 '직관'을 따라가는 용기를 가져라!"

초기의 컴퓨터는 큰 방 하나를 차지할 만큼 거대했고 누구도 이의를 제기하지 않았다. 하지만 스티브 잡스는 미래에는 이런 공룡 같은 컴퓨터가 아닌 다른 스타일의 컴퓨터가 지배하는 시대가 될 것을 직감했다. 그의 머릿속에서는 이내 컴퓨터에 관한 혁신이 시작되었다. 모니터와 키보드를 분리하고 크기는 작아져야 했다. 훨씬 더 모양이 예뻐야 하고 귀에 거슬리는 소음을 없애야 했다. 미래에는 이런 새로운 스타일의 컴퓨터를 많은 사람이 원할 것이고 그렇기에 수십억 달러의 가치로 오를 것을 확신했다.

GE의 전설적 CEO였던 잭 웰치(Jack Welch)도 "자신의 직관을 스스로 읽을 수 있는 사람은 깨달음을 얻게 된다"고 말했다. 작은 소매점에서 출발해 10년 만에 세계 최고의 커피 회사로 성장한 스타벅스의 신화도 하워드 슐츠(Howard Schultz)의 직관에서 시작되었다. 특정한 영역에서 성공한 사람들은 대부분 성공적인 판단의 80~90%를 직관에 의존한다. 게랄드 트라우페터(Gerald Traufetter)가 쓴《통찰력(Insight)》이라는 책에 이에 관한 실례가 많이 나온다.

캘리포니아대학의 심리학자 케시 모시어는 시뮬레이션 훈련캡슐 안에서 비행훈련을 하는 조종사들, 군인, 소방관, 구조대, 의사, 석유굴착용 플랫폼에서 일하는 사람들을 관찰한 후, 이처럼 위험도가 높은 일을 하는 사람들은 가장 어려운 순간이 닥치면 80~90%의 판단을 직관에 의해서 결정한다고 소개했다. 하버드 경영대학원을 졸업한 야그디쉬 파릭이 대기업 경영자가 결정을 내리는 방법을 조사한 결과도 마찬가지였다. 세계적인 대기업의 탁월한 경영자들은 평상시에도 결정의 절반 정도만 논리적 분석을 통해 하고, 나머지는 직감에 의존한다. 그런데 세간의 이목을 끈 성공적인 결정들은 거의 80%가 직관에 의한 결정이었다.

미래는 어떨까? 우리는 지금 너무 많은 정보, 너무 빠른 변화, 너무 큰 세계를 경험하고 있다. 이러한 환경은 필연적으로 우리에게 '선택의 어려움'을 가중시킨다. 과학이 진보하고 사회가 빨라지는 것과 비례해서 우리의 선택 가짓수도 동시에 늘어난다. 후기정보화사회로 접어들수록 이런 '선택의 고통'은 더욱 심해질 것이다. 선택할 것이 많아 행복한 것이 아니라 고통스럽고 두려워진다. 이럴수록 사람들은 점점 더 우유부단해질 수밖에 없다. 사회심리학자인 배리 슈워츠(Barry Schwartz)는 이런 인간의 상황을 '선택의 압제'에 시달리는 인간으로 표현했다.

이런 변화가 던지는 메시지는 무엇일까? 지금까지도 직관의 역할은 결정적이었다. 미래사회로 갈수록 '직관'은 지난 시절보다 더욱더 큰 비중을 차지하게 될 것이다. 그런데 이런 통찰력은 자연스럽게 생기지 않는다. 탁월한 통찰력은 끊임없는 훈련을 통해 습득된다. 통찰력은 두 가지로 나누어진다. 하나는 '훈련된 통찰력'이고, 다른 하나는 '훈련된 통찰력'을 기반으로 긴급하고 위험한 상황에서 직관적으로 빠르게 작용하는 '직관적 통찰력'이다. 보통 '직관적 통찰력'만을 통찰력의 전부로 생각한다. 그래서 통찰력을 선천적으로 타고난 능력으로 생각한다. 그런데 최근 뇌 의학의 발달로 뇌의 신비가 밝혀지면서 이런 상식이 깨어지고 있다.

직관적 통찰력

위급한 문제나 중대한 사안이 닥쳤을 때, 천재적인 직관으로 해답을 찾아내는 '직관적 통찰력'이 발휘되는 과정을 살펴보자. 신경학자 미하엘 팔켄슈타인(Michael Falkenstein)이 1990년대 초반에 ERN(Error Related Negativity)이란 뇌파를 발견했다. 이 파장은 일종의 자동 정정 기능을 수행한다. 긴급한 상황 가운데서 특정한 행동을 하기로 결정을 내리면 뇌는 곧바로 그 행동의 결과로 미래에 일어날 일이 일어날 것인가를 상상한다. 그런데 그 상상의 결과가 뇌의 인지 영역이 원래 기대했던 결과와 일치하면 '만족감'이라는 보상을 곧바로 내리지만, 그렇지 않은 상황이 예측(불일치)되면 뇌는 즉시 일종의 벌과 같은 '두려움'의 감정시스템을 작동시킨다.

특정한 문제나 위급한 상황에 빠지게 되면 뇌는 전 시스템을 동원해 이러한 불일치를 찾으려고 모든 감각기관을 총동원해 주변을 관찰하는 데 총력을 기울인다. 이것을 '오류 정정 시스템(Error Related Negativity)' 혹은 '실수 감시 시스템'이라고 부른다.[10] 뇌는 이런 시스템을 온종일 작동하면서 수많은 상황을 자신의 뇌 속에 만들어져 있는 패턴이나 모범 사례와 비교하면서 본능에 따라 혹은 직관적으로 오류를 정정한다. 순간적으로 "아, 이것은 무언가 틀렸다!" 혹은 "아, 이것이 분명 해답일 거야!"라는 판단을 내리는 것이다.

이러한 '오류 정정 시스템'은 인간으로 하여금 실수는 미리 방지하고 잘못된 판단을 직관적으로 느끼게 함으로써 미래에 저지를 수 있는 커다란 실수를 미리 발견할 수 있는 능력을 갖추게 한다. 그런

---

10 최윤식·배동철, 《2030년 부의 미래지도》, 지식노마드, p. 239. 재인용, 2012.

데 사고나 마약 중독 등에 의해 전전두엽에 손상을 입은 사람은 이 기능에 현저하게 문제가 생긴다. 신경학자인 잉그마르 프랑켄(Ingmar Franken)은 알코올 중독자들과 마약 중독자들이 오류 경고 시스템에 심각한 손상을 입고 있는 것을 발견했다. 파킨슨병이나 치매에 걸린 사람들도 역시 매우 약한 ERN 파장을 가지고 있는 것으로 밝혀졌다. 그들은 실수를 반복해서 하면서도 그 사실을 알아차리지 못할 뿐만 아니라 실수를 고치려고도 하지 않는다. 반대로 지나치게 강력한 ERN 파장이 발생하면 자신을 불필요하게 과다 통제하는 부작용도 발생한다. 예를 들어 계속해서 손을 씻는다거나 가스 밸브가 잠겨 있는지 계속해서 점검해야 하는 상황이 발생한다.

그러면 어떻게 해야 직관적인 통찰력이 잘 발휘되도록 할 수 있을까? 오류 정정 시스템의 발견에서 그 해답을 찾을 수 있다. 신경 심리학자들의 연구에 따르면 행동의 목표를 정확하게 정하거나 문제를 정확하게 규정하는 것이 중요하다. 그렇게 되면 우리 뇌의 시스템이 어떤 일들이 잘못된 방향으로 갈 가능성이 있는지 없는지를 훨씬 빨리 발견하도록 효율적으로 작용한다. 문제가 무엇인지 목표가 무엇인지 분명하지 않고 모호한 상태로 있으면 오류 정정 시스템이 효율적으로 작동하지 못한다. 그런데 더욱더 중요한 것이 있다. 평소에 통찰력을 훈련해야 한다. 위험하고 중요한 선택을 해야 할 상황이 오기 전에 미리 '훈련된 통찰력'을 길러야 한다. 그래야 급박한 상황에서 '직관적 통찰력'이 제대로 발휘될 수 있다.

최근 발표된 뇌 연구 결과 중에 "직관적으로 첫 번째 떠오른 생각이 정답일 확률이 두 번째 떠오른 생각보다 훨씬 높다"는 사실이 있다. 뇌의 시스템이 다양한 감각기관을 통해 감지되는 현상과 기존의 기억과 감성적 판단을 통합적으로 작동하며 최적의 해답을 내부에서 끌어내기 때문이다. 그런데 이것은 뇌의 작동 시스템일 뿐이다. 아무리 뇌의 의사결정(판단) 시스템이 효율적으로 작동하더라도, 이 시스템이 사용하는 기초 정보인 의식과 무의식에 저장된 경험이나 정보의 기억이 '불량'한 것이라면 그 결과는 달라진다. 부적절하고 부실한 정보를 가지고 전전두엽의 시스템이 작동했음에도 마치 그것이 최고의 선택이나 해결책인 것으로 착각하고 행동하면 엄청난 재앙을 불러올 수도 있다. 여러 개의 해결책 중 최고를 골라봐야 소용이 없다. 전문가들은 이것을 '감정적 암시(직관적 통찰력)의 속임수'라고 한다.

훈련된 통찰력

직관적 통찰력이 최고의 기능을 발휘하려면 평소에 의식과 무의식 속에 최신의 정보나 최고의 유용한 정보를 계속해서 업데이트해서 넣고 이를 통해 가상의 위험 상황에서 최고의 통찰력을 발휘하는 훈련을 지속하는 것이 중요하다. 오늘의 훈련 과정에서 다양한 시행착오를 미리 겪어놓아야 한다. 실수는 직관에 있어 거대한 지식의 원천이 된다. 무언가 결정을 내리고자 할 때 전전두피질에 그 선택의 이유를 공급하는 원천은 평소 훈련을 통해 무의식에 축적된 경험과 정보다. 기억은 위급한 상황에서 빛처럼 나타나는 직관적 통찰력의 원천이다. 평소 의식과 무의식에 저장되어 있던 것들이 당면한 현재의 문제나 상황과 비교되면서 오류 정정 시스템이 작동해 직관적으로 최고의 판단을 내리게 된다. 운동선수들도 마찬가지다. 평소 다양한 가상훈련을 통해 경험을 많이 축적한 선수는 실전에서 발생하는 다양한 상황에 당황하지 않고 최고의 판단과 행동을 동물처럼 빠르고 직관적으로 취할 수 있다. 이처럼 위급한 순간에 빛처럼 다가오는 직관적 통찰력은 평소에 철저하게 훈련된 경험(훈련된 통찰력)에 바탕을 둔다.

그러면 어떻게 해야 훈련된 통찰력을 기를 수 있을까? 세 가지 방법이 있다. Updating, Filtering, Simulating이다. 첫째, 정보를 업데이팅(Updating)해야 한다. 끊임없이 '학습'을 통해 새로운 정보나 경험을 의식과 무의식에 저장해야 한다. 실수도 아주 중요한 훈련이다. "실패는 성공의 어머니다"라는 말은 틀림없는 진리다. 뇌의 신경학적인 메커니즘 때문에 그렇다. 인간의 뇌는 아주 짧은 시간 안에 실수를 발견하고 그 실수를 바로잡으면서 기억의 오류를 수정하여 업데이트하는 신경 그물망 조직을 가지고 있다.

둘째, 정보 필터링(Filtering)을 해야 한다. 새로운 정보를 입력하는 것이 중요하지만, 정보를 무작정 저장하는 것은 비효율적이다. 정보가 폭발적으로 증가하면서 무용지식이 늘어나는 요즘 같은 시절에는 더욱더 그렇다. 정보를 많이 축적하기보다는 '직관을 흐리게 하는 정보나 경험의 장애물'을 제거하거나 걸러서(Filtering) 저장해야 한다. 왜곡된 정보를 무분별하게 흡수해 기억화해 놓으면 잘못된 직관적 통찰력을 발휘할 수밖에 없다.

셋째, 시뮬레이션(Simulating)을 통해 학습해야 한다. 우리 뇌의 시스템상 기억을 저장할 때는 가능하면 경험적인 지식의 형태로 저장하는 것이 유리하다. 영어 단어를 무작정 외우는 것보다 외운 단어를 가지고 다른 사람들 앞에서 발표하거나 가르치는 '경험'을 덧붙이면 뇌가 강력하게 기억하게 된다. 시뮬레이션 기억도 마찬가지다. 비행기 조종사들은 실제로 비행기를 조종하기 전에 수많은 시간을 시뮬레이션 기계 안에서 보낸다. 실전에서는 경험이 많은 조종사 옆자리에 앉아서 수많은 실전 경험을 축적한다. 이러한 시뮬레이션을 통한 훈련은 짧은 시간 내에 직관을 강력하게 훈련함으로써 실전에서 빠르게 올바른 통찰력을 발휘할 수 있도록 하는 데 효과가 크다.

위에서 보듯 훈련된 통찰력은 크게 두 가지를 훈련하는 것이다. 두 가지 훈련은 하나로 묶여 있고 시뮬레이션은 이 두 가지 요소를 가지고 다양한 조합을 해보는 것에 해당한다.

Method 조직적이고 체계적인 방법을 갖추라

미래사회는 숙련된 지식을 만들기 위해 학교에 다니거나 교과서를 달달 외울 필요가 없다. 학교나 교과서가 필요 없다는 의미가 아니다. 그런 전략이 비효율적으로 될 것이라는 의미다. 미래사회에서는 지식의 양이 지금보다 더욱더 폭발적으로 증가할 것이다. 그리고 원하는 지식은 빅데이터에 접속하는 순간 얻을 수 있을 것이다. 그래서는 안 되지만 마음만 먹으면 핵폭탄 제조기술도 얻을 수 있다. 단순히 암기를 통해 지식을 머릿속에 넣어두거나 필요한 지식을 배우기 위해 학교에 다니는 것은 속도와 효율성 면에서 좋지 않은 선택이다. 미래사회에서는 정보를 습득하는 능력보다는 정보를 종합하고 분석하고 활용하는 능력이 중요하다.

SAS 부회장인 짐 데이비스(Jim Davis)는 "앞으로는 기업들이 정보와 지식을 어떻게 효과적으로 관리하고 경영에 활용하느냐에 따라 기업의 운명이 달라질 것이다"라는 말로 미래사회의 변화를 설명했다. 앞으로는 기존 정보들을 누가 더 효율적으로 다루어 새로운 '정보 가치 사슬'을 먼저 만들어내느냐가 중요하다. 이를 위해서 꼭 필요한 능력이 바로 정보처리 능력의 원천인 인식(사고)기술이다. 종합적이면서도 분석적으로 사고할 수 있는 기술을 갖추어야 한다. 한동안 소외되었던 철학, 경영학, 심리학, 사회학, 경제학, 미래학 등을 활용한 인식기술능력이 다시 중요한 자리를 차지하게 될 것이다.

종합적/분석적 사고 능력을 키우라

앞서 훈련된 통찰력을 갖추기 위해서는 사고 훈련이 중요하다고 했다. 종합적/분석적 사고 능력을 키우기 위한 사고 기술 훈련 방법을 간략히 소개한다.

전략1
인문학의 눈으로 세상을 보라

인문학은 미래 인재의 핵심인 상상력의 원천이며 동시에 인생을 살아가면서 끊임없이 맞게 될 위기를 극복하는 지혜의 보고다. 애플의 스티브 잡스는 세계 최초의 개인용 컴퓨터를 만든 사람이지만, 자신이 창업한 회사에서 쫓겨나기도 한 사람이었다. 10년 후 위기에 처한 애플로 복귀해 특유의 상상력과 위기극복 능력을 발휘해 세계 최고의 기업으로 도약시켰고 자신은 세계 최고의 통찰적 CEO라는 칭호를 얻었다. 스티브 잡스의 이런 놀라운 능력 뒤에는 기술자가 지녀야 할 능력 이외에 그의 지적 사유에 축적된 문학적 자산이 있었다. 스티브 잡스는 스스로 "나는 지금도 낭만주의 시인 윌리엄 블레이크에 심취해 있고, 시를 읽으면 다양한 아이디어가 샘솟는다"고 말했다. 잡스는 스스로 자신의 탁월한 상상력이 문학에 대한 애착에서 비롯됐다고 고백했다.

컴퓨터의 황제 빌 게이츠(Bill Gates)도 "인문학이 없었다면 나도 없고, 컴퓨터도 없었을 것이다"라고 말했다. 어렸을 적부터 시작된 인문학에 관한 관심이 상상력, 자기계발, 미래를 읽는 눈을 길러주는 원천이었다고 고백했다. 《시에서 아이디어를 얻다》의 저자인 황인원 교수는 시와 문학 속에 들어 있는 은유, 환유, 의인 등의 표현방법과 문학적 창작을 할 때 사용되는 관찰법, 생각법, 상상법 등이 창조적 사고력을 훈련해줄 뿐만 아니라, 후에는 창조적 리더로서 성장하는 데 아주 중요한 역할을 한다고 분석했다. 현대 경영학의 아버지로 불리는 피터 드러커(Peter Ferdinand Drucker) 역시 자신이 경영에 관심을 두게 된 계기는 문학이었고, 위대한 소설가들에게서 사람과 세상을 배웠다고 고백했다. 피터 드러커의 엄청난 분량의 저작물들도 어려서부터 꾸준히 이어온 독서 습관과 수많은 책을 통해 얻은 영감에서 비롯되었다.

인문학은 이처럼 단순히 '재미'를 주는 것에서 그치는 것이 아니라, '인간과 세상의 이해를 통한 상상력의 극대화'를 이끌어준다. 이런 상상력은 뚜렷한 정답을 찾을 수 없는 위기 상황에서 탈출구를 찾게 해주는 원천이 된다. C. 라이트 밀즈(C. Wright Mills)의 말이다.

> 사회학적 상상력을 소유하고 있는 사람은 거대한 역사적 국면이 다양한 개인들의 내면생활과 외적 생애에 어떤 의미를 갖는지 이해할 수 있다. 또 사회학적 상상력이 있는 사람은 개인의 일상적인 경험의 혼란 속에서 어떻게 자신의 사회적 위치를 잘못 인식하는가를 고려할 줄 안다.[11]

삼성그룹 창업자인 이병철 회장은 사업상 중요한 결정을 내릴 때는 《논어》를 읽으며 통찰력과 창조적 경영판단을 얻었다고 한다. 정주영 현대그룹 회장도 마찬가지였다. 어렸을 적부터 신문에 실린 소설을 즐겨 읽으며 상상력을 키웠고, 바쁘게 경영을 할 때에도 문화인들과 자주 어울렸다. 이런 과정에서 세상의 변화뿐만 아니라, 고객의 심리, 기호, 트렌드, 욕구 등을 파악하는 통찰력을 얻을 수 있었다. 과학과 기술이 발달해도 인문학적 상상력이 더해져야 제대

---

[11] C. 라이트 밀즈, 《사회학적 상상력》, 돌베개, 2004.

로 된 결과물이 만들어진다. 〈타이타닉〉과 〈아바타〉의 제임스 캐머런(James Francis Cameron) 감독은 트럭 운전사 시절에 미친 듯이 책을 읽으며 최고의 상상력을 연마했다.

이처럼 어떤 현상이나 개념 등을 발견하려면 필연적으로 인간과 역사, 문화, 사회 등을 이해할 수 있는 인문학적 소양이 절대적으로 필요하다. 또한 인문학은 우리의 내면을 풍부하게 해준다. 내면의 풍부함은 인격을 형성하고, 고매한 인격은 품성으로 드러나 주위 사람에게 신뢰감을 준다. 미래의 인재 조건 중 하나가 인성과 품성이다. 인문, 예술, 종교 등은 바로 이 부분을 길러주는 환경이다. 좋은 인성이란 존재의식에서 비롯된다. 왜 태어났는지, 왜 살아야 하는지, 죽음 이후 세계는 있는지, 신은 존재하는지, 타인의 존재는 무엇을 의미하는지, 욕망의 끝은 어디인지, 아름다움이란 무엇이고 추악한 것이란 무엇인지 등 근본적 질문과 탐구를 통해 바른 가치를 형성해가는 과정에서 좋은 인성이 만들어진다.

전략 2
역사를 통해 세상을 읽어라

역사를 제대로 알아야 복잡하고 빠르게 변화하는 세상을 이해할 수 있다. 미래예측에도 큰 통찰력을 얻을 수 있다. 역사적 지식과 일상적인 업무가 별 상관없이 이루어지는 것 같지만, 우리 앞에 다가오는 수많은 위험을 줄이기 위해서는 역사적 안목이 필수적이다. 아무리 세상이 변해도 성공과 실패를 결정짓는 요인의 많은 부분은 반복적으로 나타난다. 제국의 흥망성쇠를 연구하면 자신이 속한 기업뿐만 아니라, 다가오는 자신의 미래를 성공으로 이끌 중요한 지침과 통찰력을 얻을 수 있다. 역사는 낡고 지나간 이야기가 아니다. 영국의 역사학자이자 《역사란 무엇인가》의 저자인 에드워드 핼릿 카(Edward Hallett Carr)는 역사는 과거와 현재의 대화이며, 과거를 해석하면 미래를 통찰할 수 있다고 했다.

삼성전자는 스페인에서 콜럼버스라는 역사적 인물을 옴니아폰 마케팅과 연결해 마케팅에 성공한 적이 있었다. 바르셀로나 해변의 유명한 관광명소 중 하나인 '바다를 향해 손가락을 가리키고 있는 콜럼버스 기념비'를 옴니아폰 마케팅 모델로 등장시키면서 '콜럼버스의 손가락은 어디 갔을까' 하는 질문과 '터치시티에서 콜럼버스의 손가락을 만나세요'라는 슬로건을 묶어 로드쇼를 진행했다. 삼성전자는 이 로드쇼를 통해 콜럼버스가 새로운 대륙을 발견했듯이 옴니아폰의 터치만으로 새로운 세상을 발견하게 해준다는 메시지를 전달한 것이다. 이런 역사를 활용한 마케팅 전략은 삼성전자의 스페인 시장점유율을 20%까지 올리는 데 큰 몫을 담당했다.

10대 시절 만년 꼴찌였던 윈스턴 처칠(Winston Leonard Spencer Churchill)을 시대의 정치가로 키운 것도 역사적 상상력이었다. 처칠은 고등학교를 졸업할 때까지 늘 꼴찌였다. 하지만 하루도 빼놓지 않고 열심히 책을 읽었다. 특히 역사와 문학을 좋아했다. 군 복무 시절에는 기번의 《로마제국쇠망사》를 하루에 5시간씩 탐독했다. 《로마제국쇠망사》는 인도 초대 총리 자와할랄 네루(Pandit Jawaharlal Nehru), 경제학자 애덤 스미스(David Adam Smith), 철학자 버트런드 러셀(Bertrand Arthur William Russell) 등 수많은 리더가 즐겨 읽던 책이다. 처칠은 바로 이런 역사책에서 길을 찾았다.

전략 3
철학으로 사유하라

처칠은 철학에도 깊은 관심을 가졌다. 플라톤의 《국가》, 아리스토텔레스의 《정치학》, 애덤 스미스의 《국부론》 등을 즐겨 읽었다. 풍부한 독서가 처칠을 위대한 행정가로 만들었고, "멀리 되돌아볼수록 더 먼 미래를 볼 수 있다"는 명언을 남기게 했다. 그는 역사와 철학책을 읽으며 세상과 대화하며 위대한 리더로 만들어져 갔다. 이처럼 철학은 인간의 사고능력을 극대화할 뿐만 아니라, 논리적인 힘을 통해 현재와 미래에 관한 다양한 수를 도출해내는 아주 좋은 방법이다. 철학은 대가들의 사고과정과 문제의식에 빠르게 접근하도록 이끌어주는 효과적인 도구다. 또한 철학(함)은 비판적 상상력을 끌어내고, 다양한 세계를 만들어가는 것이다.

어려운 철학적 내용을 쉽고 친근하게 접할 수 있도록 도와주는 책들이 많이 나와 있다. 이런 책들을 통해 안목을 키우고, 토론을 통해 사고를 확장하고, 자기 생각을 표현하는 에세이를 써라. 기억하라. 창의력은 공상에서 오지 않는다. 창의력은 사고의 폭을 넓히는 것에서 시작된다.

체계적인 업무처리 능력을 키우라

종합적/분석적 사고 능력만큼 중요한 것이 체계적인 업무처리 능력이다. 제대로 보고 제대로 생각한다면 제대로 손발을 움직일 수 있어야 한다. 일의 최종 결과는 손발을 어떻게 움직이느냐에 달려 있다. 미래사회가 원하는 인재는 결코 머리만 크고 눈만 발달하고 상대적으로 손발을 움직이는 것은 서툰 그런 인재가 아니다. 미래사회가 기다리고 있는 인재가 되기 위한 체계적인 업무처리의 전략을 정리해보았다.

전략 1
일벌레가 되지 말고, 최소의 일로 최대의 효과를 얻을 방법을 먼저 생각하라

"일벌레가 되지 말고, 최소의 일로 최대의 효과를 얻을 방법을 먼저 생각하라"는 말은 업무를 줄이면서 생산성을 높이라는 의미다. 중세에 유명 교부 윌리엄 오캄은 "더 적은 것으로 할 수 있는 것을 더 많은 것으로 하는 건 허영이다"라는 말을 남겼다. 일을 덜하는 것이 게으른 것이 아니라, 의미 없는 일을 많이 하는 것이 게으름이란 뜻이다.

우리 주위에는 일의 양이 많거나 바쁘지 않으면 불안한 이들이 있다. 그래서 종일 이리저리 뛰어다닌다. 그런데 생산성은 높지 않다. 제대로 일하는 사람들은 일의 양은 줄이면서 일의 결과는 극대화한다. 의미 없는 일을 줄이고 중요한 일에 집중해야 한다. 스티븐 코비는《소중한 것을 먼저 하라》에서 "중요한 일은 오늘 꼭 해야 한다거나, 아니면 심지어 이번 주에 꼭 해야 하는 경우가 드물다. 긴급한 일은 즉각적인 행동을 요구한다. 이런 일의 순간적인 매력은 뿌리칠 수 없고 중요한 것으로 여겨진다. 그래서 우리 에너지를 삼켜 버린다"고 적고 있다.[12]

다가오는 미래사회는 중요하고 부가가치가 큰 일에 집중해야 한다. 종일 일에 치여 사는 것은 아무것도 하지 않는 것만큼 큰 죄악이다. 주위의 많은 사람에게 직간접적으로 피해를 주기 때문이다. 그래서 자기 일 중에서 중요한 일이 무엇인지를 구별하는 것이 매우 중요하다.

연구 결과에 의하면 주어진 일에 시간을 더 준다고 해도 생산성은 크게 차이가 나지 않는다. 오히려 하나의 일에 필요 이상 많은 시간이 주어지면 생산성에 기름기만 낀다. 적당한 시간의 압박은 우리의 정신과 육체에 긴장감을 불러오고 이는 다시 불가사의한 힘을 발휘하는 에너지로 작용한다. 마감 시간을 정해놓고 일하는 것은 중요한 일만을 하는 전략과 맞물려 시너지를 불러일으킨다.

전략 2
정보의 양을 줄이는 방법을 터득하라

정보가 폭발적으로 증가하는 시대에는 '정보량'을 줄이는 것이 아주 중요하다. 너무 많은 정보는 우리의 관심과 시간을 잡아먹는

---

[12] 스티븐 코비, 《소중한 것을 먼저 하라》, 김영사, 2002.

다. 종일 쏟아져 나오는 정보의 99%는 사실 우리가 하는 일이나 목표와는 상관이 없다. 대부분 우리의 시간과 에너지를 소모하는 정보가 아닌 쓰레기다. 정보를 필터링하는 기술이 절대적으로 필요하다. 관련 없는 쓰레기 같은 정보는 신속하게 제거하고 꼭 필요한 정보만을 수집할 수 있어야 한다.

정보를 필터링하려면 우선 정보에 대한 태도가 좋아야 한다. 어떤 정보가 중요한 정보인지 생각해보라. 사람들이 많이 보는 정보일까? 아니면 지금 이 순간 미디어를 통해 등장한 최신(?) 정보일까? 정보는 묘한 이중성이 있다. 모두 중요한 정보일 수도 있고, 모두 쓸모없는 정보일 수도 있다. 절대적으로 좋은 정보는 존재하지 않을 수도 있다. 지금 하는 일이나 목표와 직접 관련된 정보여야 좋은 정보다. 아무리 중요한 정보라고 해도 지금 하는 일이나 목표 그리고 상황에 맞지 않는 정보는 이 순간만큼은 중요한 정보가 아니다. 산삼도 잘못 쓰면 독이 되고, 개똥도 잘 쓰면 약이 된다고 했다. 자신이 하는 일과 세운 목표 그리고 상황을 먼저 인식하고 필요한 정보인지 판단한 후에 선택해야 한다.

전략 3
혼자 일하지 마라, 함께 일하라

미래사회에서 성공하려면 산업시대에 형성된 제로섬 게임의 환경에서 벗어나야 한다. 동료뿐 아니라 경쟁자 그리고 소비자를 모두 묶어내는 유기적 협력 구조를 통해 윈-윈(Win-win)하는 새로운 생태계에 익숙해져야 한다. 미래사회의 인재가 되려면 끊임없이 신지식을 창출하고 새로운 비즈니스를 만들어내고 있는 실리콘밸리의 성공 DNA를 주목할 필요가 있다. 사믹사(SAMIXA)의 회장 디팩 방갈로르(Deepak Bangalore)는 말한다. "실리콘밸리의 경쟁력은 '사회적 네트워크'에서 나온다. 이 네트워크를 통해 실리콘밸리의 기업인은 서로가 무엇을 생각하고 연구하는지 다 알고 있다. 이러한 시스템을 통해 경쟁하고 확보한 지식을 토대로 새로운 지식을 창조해냄으로써 신제품과 서비스를 만들어낸다. 실리콘밸리에서는 지식공유와 스피드, 글로벌화가 기업 생존의 필수적인 요소로 자리 잡고 있다."

엄청난 속도로 세상이 변화하고 있다. 실리콘밸리의 성공 요인을 가능한 모든 영역에 적용해야 한다. 내가 하는 것보다 다른 사람이 하면 더 잘할 수 있는 일들, 나도 잘할 수 있지만 다른 사람에게 맡기면 더 효율적인 일들, 비생산적이지만 꼭 해야 할 업무들은 과감하게 아웃소싱해야 한다. 아웃소싱은 다른 사람들이 나를 위해 일하게 하는 최고의 전략이다.

그런데 최고경영자가 아닌 개인도 아웃소싱과 관련 있을까? 그렇다. 개인을 괴롭히는 80%의 비생산적 일들에서 벗어나는 비법이 바로 아웃소싱이다. 시간의 늪에서 벗어나야 자신의 꿈과 목표를 위한 진짜 중요한 일에 집중할 수 있다. 다른 사람들의 역량을 활용하는 것에 머뭇거리지 마라. 자신이 잘할 수 있는 일에 집중하라. 자신이 스스로 해야 하는 일에 집중하라. 다른 사람들을 창조적으로 도울 수 있는 일에 집중하라. 혼자 모든 것을 해야만 한다는 20세기

식 사고에서 벗어나라.

Art 자신의 지식과 기술을 예술의 경지로 높여 장인이 되라

필요한 정보와 지식을 쉽게 다운로드하는 환경에서 생존을 넘어 성공하기 위해서는 '장인'이 되어야 한다. 단순한 지식이 아니라 '숙련된 지식'이 필요하다. 다운로드를 통해서는 얻을 수 없는 '숙련된 지식'을 소유하고 있어야 한다. 앞으로 다가오는 20년은 정보화가 더욱더 가속화되는 시대다. 이런 고도의 지식사회에서 지식은 성공과 부를 만들어내는 원천이다. 달리 말하면, 성공과 부를 만들어낼 수 있는 지식을 보유하지 못하면 기업이든 개인이든 심각한 어려움에 직면할 수밖에 없다.

기술이나 능력이 그 가치를 인정받으려면 기계든 사람이든 모방이 어려워야 한다. 누구나 쉽게 모방하고 숙련 기술을 쌓을 수 있는 일은 최저임금의 모방자에게로 옮겨간다. 결국 다른 사람들과 기계가 모방하기 어려운 능력, 기술, 재능을 찾아내고 키우는 것이 우리의 과제다.[13] 앨빈 토플러 역시 "육체노동은 본질적으로 대체 가능한 노동이다. 그러므로 저숙련 노동자는 사직하거나 해고해도 즉시 그리고 비용을 별로 들이지 않고 대체할 수 있다"고 지적했다. 미래사회에서는 숙련된 지식근로자만 살아남는 시대가 된다. 자기가 가장 자신 있는 분야의 지식을 장인의 수준으로 향상하는 사람만 생

---
[13] 린다 그래튼, 《일의 미래》, 생각연구소, 2012.

존을 보장받을 수 있다. 기업은 이런 능력을 갖춘 사람을 스카우트하기 위해 노력할 것이다.

숙련된 지식에는 두 가지가 있다. 첫째는 학문적 전문성에 기반을 둔 지식이다. 또 다른 숙련된 지식은 주제적 전문성의 지식이다. 영역이나 주제는 무엇이든 상관없다. 컴퓨터 게임, 요리, 실내장식 소품 만들기, 청소 그 무엇이든 상관없다. 미래사회에는 학문적 지식뿐 아니라, 다른 영역의 다양한 지식도 장인의 수준에 올라서면 성공과 부를 이룰 것이다. 장인의 지식을 소유하면 다른 영역의 다양한 사람들과 이전 세대에서는 경험할 수 없었던 프로젝트를 공동으로 수행하면서 새로운 성공과 부를 창조할 것이다. 미래사회에서는 숙련된 지식을 기반으로 현실공간과 가상공간을 자유롭게 넘나들며 새로운 소득을 창출하는 '노동 유목민'이 활동하는 시대가 될 것이다.

그렇다면 이를 위해서 우리가 해야 할 일은 무엇일까? 우선 자신이 가장 좋아하는 것이 무엇인지를 파악해야 한다. 그리고 바로 지금부터 그 분야와 관련된 독서와 토론을 시작하면 된다. 천천히 그러나 열심히 그리고 즐기면서 온 힘을 기울여야 한다. 다음은 장인의 지식을 쌓아가는 데 있어 필요한 몇 가지 현실적인 전략이다.

1 관심 분야의 전문가를 만나서 전문가가 되는 빠른 길에 대한 조언을 들어라.
2 관심 분야와 관련된 잘 알려진 2~3군데의 단체에 가입하고 정

기적으로 학회, 세미나, 정모 등의 모임에 참석하라.

3 관심 분야의 베스트셀러 3~4권을 읽고 각각에 대해 한 페이지로 요약하라.

4 관심 분야의 내용을 직간접적으로 다룬 방송 자료들을 케이블 TV나 IPTV, 인터넷 방송에서 찾아서 보고 각각에 대해 한 페이지로 요약하라.

5 당신 주위에 있는 사람들을 대상으로 하든지, 인터넷 카페 등에 광고를 내든지, 관공서나 주민센터에 포스터 광고를 하든지 해서 1~3시간짜리 무료 세미나를 열어라. 강의할 수 있는 장소는 모임형 카페를 통해 얼마든지 저렴한 가격에 구할 수 있다.

6 당신의 주제와 관련된 업계의 전문지나 인터넷 신문사들 한두 곳에 글을 기고하겠다고 제안해보라. 당신의 전문성이나 경력을 의심하면 잘 알려진 전문가를 인터뷰하여 기사를 쓰겠다고 하라. 한 번만 하고 나면 당신의 이력에 기고가라는 타이틀이 붙는다. 여기까지는 단기적으로 전문분야로 진입하는 기술이라면……

7 이후로, 1만 시간을 투자하여 진정한 전문가로 거듭나라. (어느 분야든 세계적인 전문가가 되는 데 필요한 시간이 대략 1만 시간이다)

예술적 상상력

미래에는 끊임없이 새로움을 만들어내는 능력이 다른 어떤 능력보다 큰 능력으로 인정받을 것이다. 물론 지금도 새로움을 만들어내는 능력은 다른 능력보다 더 큰 능력으로 인정받고 있다. 하지만 미래에는 더욱더 큰 능력으로 인정받을 것이다. 탁월함보다 새로움을 창조하는 능력이 더 중요해질 것이다.

그런데 새로움을 만들어내는 능력의 중심에는 예술적 상상력이 있다. 단순하고 막연한 상상이 아니라 제대로 된 상상만이 새로움을 만들어낸다. 장 폴 사르트르(Jean Paul Sartre)는 인간의 인식능력을 지각, 상상, 사유 세 가지로 나눈다. 이때 지각의 대상은 사물이고, 상상의 대상은 이미지이고, 사유의 대상은 개념이다. 예술적 상상력은 이미지에 관련되어 있다.

사물에 관한 지각 능력이 타인보다 떨어진다면 미래의 경쟁에서 절대 승리할 수 없다. 그런데 일정한 수준에 이른 사람들 사이의 경쟁이라면 이 영역에서 큰 격차를 보이는 것은 불가능하다. 특히 사람의 지각 능력보다 몇천, 몇만 배 이상의 지각 능력을 보이는 기기와 기계를 누구나 일상적으로 사용할 미래 환경에서는 더욱 그 격차가 줄어들 것이다.

사유의 중요성에 관해서는 앞서 살펴보았듯이 미래사회에서는 사유 능력이 떨어지면 동료 인간은 물론 컴퓨터와의 경쟁에서도 이길 수 없다. 아무리 뛰어난 연산능력을 갖추고 있다고 해도 컴퓨터의 속도와 정확성을 이기는 것은 힘들다. 단순한 연산능력이나 지각 능력의 탁월함만 가지고는 더욱더 험악해지는 정글에서 승리는 커녕 생존을 장담할 수 없다. 사회가 무엇인지, 가치가 무엇인지, 사람이 무엇인지, 사랑이 무엇인지 등등 과거와 현재 그리고 미래를 만들어가는 중요한 개념에 관한 사유 능력이 참으로 중요하다. 그런데 사유 능력은 옳고 그름의 기준과 나아갈 방향을 제시하기는 하지만 새로움의 실체나 에너지를 만들어내지는 못한다. 새로움을 만들어내는 것은 상상(력)의 몫이다.

지난 역사를 보아 알듯이 새로움은 상상하는 이들의 무모한 도전의 결과물이었다. 할 수 없는 일, 해서는 안 되는 일이라며 모두가 외면하거나 회피할 때 굳이 그 일에 목숨 걸고 도전한 이들이 만들어낸 것이 바로 새로움이었다. 지금과 다른 내일을 상상했기에 만들어낼 수 있었던 결과였다. 이처럼 상상은 근본적으로 위반이다. 그리고 위반과 짝을 이루는 것은 금기다. 정리하면 상상은 금기에 대한 위반이다.

사회에는 늘 안정을 추구하는 힘이 존재한다. 반드시 필요한 힘이다. 질서, 균형, 전통, 제도 등의 단어로 우리 옆에 있다. 무너지거나 무시되어서는 안 될 중요한 힘이다. 그러나 이 힘만 너무 일방적으로 강하면 새로움을 만들어내는 힘이 위축된다. 사실 예술적 상상력은 주어진 것을 부정하고 전혀 새로운 것을 적극적으로 받아들이고 찾아 나서는 방향으로 작동한다.

백남준이 없었다면, 스티브 잡스가 없었다면, 파블로 피카소(Pablo Ruiz Picasso)가 없었다면, 볼프강 아마데우스 모차르트(Wolfgang Amadeus

Mozart)가 없었다면, 폴 고갱(Eugéne Henri Paul Gauguin)이 없었다면 그리고 당신이 없었다면 지금 우리가 사는 세상은 그리고 다가올 미래는 너무 딱딱하고 따분한 세상일지도 모른다. 그런데 금기 없이는 위반이 없고, 위반이 없으면 금기가 성립할 수 없다. 그러니 우리 시대의 금기를 너무 부정적으로만 보지는 말자. 사실 금기는 상상을 자극한다. 문제는 금기에 대한 우리의 자세다. 금기를 'STOP'이나 'U-TURN' 표지로 받아들일 수도 있고, 금기를 '사명'이자 '도전 과제'로 받아들일 수도 있다.

예술적 상상력이 인간 본연의 힘이라고 할 때, 예술적 상상력을 타고나지 않은 사람은 아무도 없다고 해도 과언이 아니다. 문제는 그 상상력을 어떻게 더 극대화하고 제대로 활용하느냐다. 인간은 상상을 통해 새로운 지식과 기술을 만들어내고, 새로운 법과 제도와 기구를 만들어낸다. 지금 우리가 만나고 있는 사회는 과거 어느 사람의 상상의 결과물인지도 모른다. 그리고 미래는 지금 누군가의 상상력이 실현된 결과물일 수도 있다. 미래는 바로 그렇게 새로움을 만들어내는 상상력을 가진 인재를 기다리고 있다.

Relationship 친밀한 관계를 확보하라

"나는 나 자신의 100% 노력보다는 100사람의 1% 노력을 하겠다." 존 폴 게티(John Paul Getty)의 말이다. 지식이 중요해진 환경에서 거대 기업들은 이미 엄청난 자본을 투입해 사내에 거대 집단지성을 구성했다. 개인도 이런 흐름에서 뒤떨어지면 생존을 보장받을 수 없다.

끊임없는 지식생산 능력은 생존의 필수 조건이다. 그러나 개인이 혼자 끊임없이 지식을 생산하는 것은 그 범위와 속도에서 절대적인 한계가 있다. 네트워크를 활용하지 않고 홀로 끊임없이 지식을 생산하는 것은 불가능하다.

On-line & Off-line 집단지성 활용을 통한 지식경영 능력은 미래 인재의 핵심 역량이다. 네트워크를 통해 지식을 생산하는 것뿐만 아니라, 지식을 체계적으로 경영하는 것도 중요하다. 지식경영은 조직구성원의 지식이나 노하우를 체계적으로 발굴, 공유해 조직 전체의 의사결정 능력을 향상시키는 경영기법이다. 개인이 집단지성을 만드는 효과적인 방법은 인터넷 커뮤니티를 활용하는 것이다. 인터넷을 활용한 집단지성 경영능력은 대중의 지혜를 빌리는 지식경영능력이라고 표현해도 좋다.

유명한 심리연구 중에 '항아리 속 젤리(Jelly Beans in the Jar)'라는 실험이 있다. 젤리가 가득 담긴 유리 항아리를 여러 사람에게 보여주고, 항아리에 들어 있는 젤리의 개수를 맞춰보게 하는 것이다. 항아리에는 2,845개의 젤리가 들어 있었다. 사람들은 각자 나름의 방식으로 젤리의 수를 추측했지만 정확한 답을 맞히지 못했다. 그런데 틀린 답이지만 제시한 답의 평균을 구해봤더니 놀랍게도 정확히 정답과 일치했다.

살펴보았듯이 미래사회는 네트워크가 중요한 성공의 조건이다. 하지만 좋은 네트워크는 기계나 컴퓨터가 만들어주지 않는다. 좋은 네트워크는 탁월한 감성디자인 능력과 커뮤니케이션 능력을 갖춘 사람에 의해 만들어진다. 그런데 감성디자인 능력이란 무엇일까? 감성디자인 능력이란 사람들(고객들)이 (자신 안에 존재하지만) 미처 발견하지 못한 행복의 느낌들을 새롭게 디자인하거나 향상해 전달하는 능력과 이를 지속가능하도록 경영해주는 능력을 의미한다. 그중에서도 미래사회에는 스토리를 활용한 감성 커뮤니케이션 기술이 가장 강력한 효과를 발휘할 것이다. 즉 소리 스토리, 영상 스토리, 음악 스토리, 텍스트 스토리 중 하나를 사용하거나 이 중 몇 개를 혼합해 사용할 것이다.

그런데 소통이란 상호 이해하는 것이다. 진정한 커뮤니케이션은 남을 움직이려는 것이 아니라 자신 또한 변하는 것이다. 상대방과 차이를 인정하고 소통을 통해 자신이 변화할 수 있는 경청의 자세가 필요하다. 하지만 그저 듣는 것만으로는 부족하다. 정보나 의미의 일방적인 흐름이나 전달이 아닌 상호 소통을 위해서는 자기 생각도 정확히 전달할 수 있어야 한다.

하트퍼드대학(University of Hartford)의 로버트 듀란(R. L. Duran)은 커뮤니케이션 능력을 의사소통 적응력(communicative adaptability)으로 보고 사회적인 대인관계를 인식하고 자신의 대화 목적과 행동을 그에 따라 조정할 수 있는 능력으로 정의했다. 그는 커뮤니케이션 능력을 구성하는 하부 개념을 여섯 가지(사회적 평정 능력, 사회적 승인 능력, 사회적 경험 능력, 적절한 노출 능력, 명료성 능력, 위트 능력)로 설명한다.[14] 단순히 말

---

14 신호창, 《사내 커뮤니케이션》, 커뮤니케이션북스, 2013년에서 재인용. R. L. Duran.(1983).

솜씨가 좋다고 해서 곧 그것이 커뮤니케이션 능력으로 이어지는 것은 아니다. 자신과 상대방의 위치를 먼저 정확히 파악하고 맥락과 상황에 맞는 적절한 소통을 할 수 있어야 커뮤니케이션 능력이 높다고 말할 수 있다.

외국어 활용능력도 더욱 중요해질 것이다. 미래사회는 지금보다 더욱더 글로벌화된 환경이다. 함께 일하는 동료나 매일 대면해야 할 고객 중 다른 언어를 사용하는 이들이 상존하는 환경이다. 당신이 한국어만 사용할 수 있다면, 많아야 7,500만 명을 대상으로 활동할 수밖에 없다. 중국어를 사용하는 순간 10억이 넘는 새로운 사람들과 만날 기회를 얻게 된다.

무엇보다 인격과 성품을 디자인하라

그런데 최고의 네트워크를 만들려면 무엇보다 '좋은 인성'을 갖추어야 한다. 지식사회에서는 지식과 네트워크만 있어도 부자가 될 수 있지만, 그 지식과 네트워크 때문에 망할 수도 있다. 내가 가진 지식보다 더 나은 지식이 다른 사람에 의해서 생산된다거나 혹은 내 지식을 누군가가 빼돌려서 다른 사람에게 팔아버리면 끝장이 난다. 네트워크를 만들기는 쉽지만, 네트워크에서 찍히면 무너지는 것은 한순간이다. 물론 나를 배신하는 일도 나의 네트워크 안에서

Communicative Adaptability: A measure of social communicative competence. Communication Quarterly, 31, 320~326.

일어난다.

이런 위험성은 누구에게나 존재한다. 이런 가능성을 고려해 전략을 수립해야 한다. 내 지식이 곧 누군가에게 복제되어 더 나은 지식으로 진화해서 나를 위협할 수 있고, 내 지식이 세상에 발표되기도 전에 누군가에게 도둑맞을 수 있다는 것을 고려해야 한다. 그래서 한두 개의 지식만을 가지려 애쓰기보다는 그런 지식을 계속해서 생산해낼 수 있는 능력을 갖추는 것이 중요하다. 내 지식이 복제되면 그것을 넘어서는 또 다른 지식을 계속해서 만들어내면 된다.

그런데 이런 위험을 막는 또 하나의 방법이 있다. 그것은 바로 인성이 좋은 사람들과 거래하고 네트워크를 만드는 것이다. 앞으로는 지금보다 훨씬 더 심각하게 음악이나 영화 파일만 불법으로 유통되고 복제되는 것이 아니라 산업기밀이나 창조적 아이디어도 순식간에 불법으로 유통되는 일이 비일비재해질 것이다. 그것도 네트워크 안에 있는 구성원 중 한 사람의 배신을 통해 이루어질 것이다. 그래서 기업들은 똑똑한 인재보다는 인성이 좋은 인재를 선호할 것이다. 미래사회는 지식이야 얼마든지 구할 수 있기 때문에 지식보다는 그 지식의 가공과 유통을 다루는 사람의 인성이 더욱 중요한 가치로 자리 잡을 것이다.

공감 능력을 높여라

특히 공감 능력의 중요성이 점점 커지고 있다. 다음은 대니얼 골먼(Daniel Goleman)의 '리더의 공감 결핍증을 나타내는 징조(The Signs of a Leader's Empathy Deficit Disorder)'라는 특강을 조선일보가 요약 소개한 기사다.

당신이 회사에서 직위가 높은 사람과 낮은 사람에게서 각각 이메일을 받았다고 하자. 누구에게 먼저 답장을 할까. 아마 높은 사람에겐 즉시 답장을 보내겠지만 낮은 사람에겐 짬이 나야 답장할 것이다. 이런 답장 속도의 차이는 조직 내 위계 구조를 그대로 반영한다. 사람들은 대개 힘 있는 사람 말에는 더 집중하고 관심을 나타내지만 별 볼 일 없는 사람 말에는 귀를 기울이지 않는 법이다.

권력과 관심의 연관 관계는 처음 만난 두 사람이 어떻게 서로를 대하는가를 관찰해보면 간단하게 알 수 있다. 만나고 5분쯤 지나면 자연스레 지위가 높은 사람은 상대방 말을 듣는 둥 마는 둥 하는 반면 낮은 사람은 눈도 잘 맞추고 고개도 자주 끄덕인다. 지위에 따라 이메일 답장 속도에 차이가 있는지에 대한 연구가 실제로 이뤄졌다. 컬럼비아대 연구진이 엔론(Enron)사의 몰락 원인을 분석하기 위해 엔론사의 데이터베이스에 있던 이메일들을 통째로 분석한 것이다(사건 진상 조사 뒤 이메일들이 외부로 공개됐기에 이런 연구가 가능했다). 그 결과 이메일 답장 속도로 조직의 서열을 파악할 수 있다는 가정은 매우 정확했던 것으로 입증됐다.

이런 연구의 시사점은 리더들이 조심해야 한다는 것이다. 높은 자리에 있는 리더는 대부분 '공감 결핍 장애'를 겪을 위험성이 크다. 게다가 자리가 높아질수록 솔직하게 대하거나 진솔한 피드백을 주는 직원들은 갈수록 줄기 마련이다.

그렇기 때문에 하버드대 경영대학원 빌 조지 교수 말대로 '직언 모임(True North Group)'이 필요하다. 솔직한 피드백을 해줄 지인들로 이뤄진 비공식적인 모임을 하나 만들어 정기적으로 접촉하면 좋다. 조직 내에 다양한 직급으로 구성된 비공식 네트워크를 두는 것도 괜찮다.

직원들과 격식 없는 자리를 자주 갖는 고(高)접촉형 리더는 이런 공감 결핍에 시달릴 일이 없다. 상사에게 솔직하게 얘기해도 탈이 없는 직장 분위기를 만드는 리더들도 마찬가지다.

훌륭한 리더는 공감 능력이 탁월하다. 공감에는 세 가지 종류가 있다. 첫째, 인지적 공감이다. 다른 사람이 어떤 세계관과 관점을 갖고 있는지 파악하는 능력이다. 바꿔 말하면 말을 할 때 상대방이 이해하는 용어로 말할 수 있는 능력이다. 둘째, 감성적 공감이다. 다른 사람이 어떻게 느끼는지 즉각 공감하는 능력이다. 셋째, 감정이입적 공감이다. 상대방이 당신에게 무엇을 원하는지를 감지해 도와주려고 하는 능력이다. 공감력이 부족한 리더가 누구인지는 그 리더의 행동에 직원들이 어떻게 반응하는가를 보면 알 수 있다. 예를 들어 직원들이 무슨 소리인지 모르는 지시나 메모, 명령이 내려오는 경우가 있는데 이는 상사가 아랫사람들을 이해하려는 노력이 부족하다는 방증이다.[15]

공감 능력은 리더에게만 요구되는 것이 아니다. 우리는 누구나

---

15 조선일보, '대니얼 골먼의 성공하는 리더 되기', 2013. 11. 30.

예외 없이 공감 능력을 갖추어야 한다. 더불어 사는 사회가 유지되고 발전하려면 공감 능력이 절대적으로 필요하다. 하물며 리더가 되고자 한다면, 그리고 이미 리더의 자리에 있다면 공감 능력은 더더욱 절대적으로 갖추어야 할 능력이다.

특별한 이유도 없이 이른 새벽이나 금요일 저녁에 회의를 진행하고, 공적인 자리에서 사적인 일로 면박을 주고, 이해가 되지 않는 지시에 대해 이해할 만한 의견을 제시했는데도 리더의 위치에 있다는 이유만으로 부하의 의견을 무시하고 도리어 화를 낸다면, 이것은 공감 능력이 결핍되었음을 나타내는 징후다. 이렇게 공감 능력이 떨어지면 일과 관계 양쪽에서 문제를 일으킨다. 개인이 소유한 능력만큼 결과를 만들어낼 수는 있지만, 개인의 능력을 넘어서는 과제를 수행하기 위한 협업은 불가능하다. 자기중심적이기만 하고, 타인의 눈으로 자신과 타인 그리고 진행되는 일을 볼 수 없는 사람은 미래사회에서는 도태될 수밖에 없다. 사실 이 현상은 이미 진행되고 있다. 리더의 공감 능력은 갈수록 끊임없이 강조된다.

거울 신경(Mirror Neuron)이란 말이 있다. 인간의 뇌에는 상대방의 모습이나 표정, 행동을 따라 하며 그와 함께 감정 반응까지 일으키는 신경세포가 있다. 과학자들은 그 세포를 '거울 신경 세포(Mirror Neurons)'라고 부른다. 거울 신경은 1996년 이탈리아 파르마대학의 지아코모 리졸라티(Giacomo Rizzolatti) 교수팀이 짧은꼬리원숭이의 뇌로 실험하던 중 원숭이가 사람의 특정 행동을 따라 할 때 반응하는 신경 세포를 찾아내면서 그 존재를 드러냈다.

원래 거울 신경 세포는 눈이나 귀로 입수한 정보를 이해하고 다음 행동과 연결하는 역할을 담당한다. 이렇게 정보를 관찰하고 이해하려다 보니 자연스럽게 따라 하는 동작을 만들어낸다. 어떤 사람이 움직이고 있다고 하자. 그 움직임을 보면서 '움직이고 있네'라고 이해하는 동시에 움직임을 따라 한다. 그런데 거울 신경은 동작뿐 아니라 감정까지도 공감하게 한다. 우리가 누군가의 슬픔과 기쁨에 공감하고, 누군가와 함께 화내는 것은 거울 신경 때문이다. 어떤 사람의 행동이 마음에 들지 않아 반대로 행동하는 경우도 있는데, 이것 역시 거울 신경 때문이다. 거울에 비친 모습을 보고 '절대로 저렇게 하지 말아야지'라고 결심하고 행동하는 것이다.

거울 신경은 우리가 다른 사람의 처지와 고통을 '공감'하고, 언어를 듣고 이해하는 데 기본적으로 작동하는 고유의 기능이다. '모방'과 '공감'에 작용하는 거울 신경은, 전두엽 전운동피질, 두정엽, 측두엽 뇌성엽 앞쪽에 있다. 거울 신경은 이 세 영역이 서로 신호를 주고받으며 정보를 처리해 지각한 행동의 의미를 파악한다. 거울 신경이 자리 잡고 있는 두뇌의 각 부위는 인간 고유의 특징과 밀접하게 연관되어 있다. 특히 고차원적인 언어학습을 지속해서 도우며, 인간이 다른 동물에 비해 높은 수준의 사회적 상호작용을 영위할 수 있게 하는 원천이다.

언어를 학습할 때 '흉내 내기, 모방'을 위해 상대방과 말하거나, 상대방의 얼굴이나 입, 혀의 움직임을 쳐다보는 것이 매우 중요하다. 유아의 언어발달과정을 생각해보자. 갓 태어난 아기는 주변의 소리를 인식하고 가장 가까운 사람의 표정, 움직임, 목소리를 통해 언어를 배우기 시작한다. 얼굴을 마주하고 하는 대화, 생각을 표현하는 등, 언어자극을 많이 주면 줄수록 이는 아이의 언어발달에 기초가 되기 때문에 더 빨리 언어를 배우고 다양한 단어를 습득할 수 있게 된다.

거울 신경의 또 다른 기능은 다른 사람의 의도를 짐작하는 것이다. 인간은 어떤 상황에서 한 동작을 보면 대충 다음에 어떤 동작이 이어질지 알 수 있다. 더 나아가서 다른 사람의 사소한 동작과 표정, 소리를 듣고도 무엇을 하려고 하는지, 어떤 기분인지 파악할 수 있다. 늘 다른 사람의 마음을 모르겠다고 불평하면서도 우리는 타고난 독심술가다. 이런 역할에 거울 신경이 깊숙하게 개입해 있다. 한 개체가 다른 개체의 행동을 관찰하면서 얻는 정보를 두 가지로 나누어 보면, 하나는 '그 행동이 무엇을 하는 행동인가?'이고, 다른 하나는 '왜 그 행동을 하는가?'다. 어떤 사람이 사과를 쥐고 있는 것을 보면, 우리는 그가 사과를 쥐고 있다는 것을 안다. 동시에 그가 왜 사과를 가지고 있을까를 생각한다. 우리는 그가 먹으려고 쥐고 있다고 생각할 수도 있고, 바구니에 담기 위해 쥐고 있다고 생각할 수도 있다. 이처럼 우리는 하나의 행동을 관찰하면서 행동의 의도까지도 생각한다.

우리가 혼자가 아니라 함께 살아갈 수 있는 것도 거울 신경 덕분이다. 동물들처럼 단순히 생존을 위해 무리 짓는 것이 아니라 다양한 형태의 관계를 맺을 수 있는 바탕은 다른 사람의 감정을 자신의 것으로 느낄 수 있는 능력 때문이다. 연인이 아프면 나도 아프다. 힘든 사람을 보면 그 처지가 이해되고 도와주고 싶다. 공포영화에서 쫓기는 사람을 보면 마치 내가 도망가고 있는 듯 느껴진다. 성공한 리더의 공통된 특징 중 하나가 거울 신경 시스템이 활발하게 작동한다는 것이다. 가장 성과가 좋은 리더는 성과가 중간 정도인 집단의 리더보다 부하들을 평균 세 배 정도 더 자주 웃게 한다고 한다. 잘 웃고 분위기를 즐겁게 만드는 리더 밑의 직원들은 그들의 거울 신경을 통해 자신도 모르게 웃고 즐겁게 일하도록 한다. 사우스웨스트항공의 공동 창업자이자 CEO였던 허브 켈러허(Herb Kelleher)는 사람을 만날 때마다 상대방과 깊은 교감을 이끌어내기 위해 악수하거나 포옹하며 자주 웃고 성과에 대해 칭찬을 아끼지 않았다고 한다.

이처럼 거울 신경은 자신의 감정과 태도를 주변 사람에게 전염시킨다. 정상적인 일반인이라면 다른 사람과 얼마든지 공감을 나누며, 비록 원하지 않더라도 쉽게 이 공감을 지울 수는 없다. 이러한 공감현상을 감정의 공명현상이라고 한다. 이것은 순간적으로 이뤄지기 때문에 이성으로 조종하기 어렵다. 이러한 공명현상의 극단적인 예가 군중심리다. 군중심리의 가장 큰 특징은 동시다발적으로 일어나는 공감의 형성이다. 군중은 스스로 알아서 움직이는 자기 동력을 가진 것처럼 보이지만, 관련 연구에 따르면 참가자의 5%만이 특정한 목표를 좇으며 나머지 95%는 이들을 따르는 것으로 확인되었다. 대규모 콘서트장이나 운동경기장에서 한꺼번에 많은 인파가 출구로 몰리는 바람에 사상자가 발생하는 소동의 원인이 되기도 한다. 현장에 모인 군중은 자기도 모르게 옆 사람이 하니까 따라 하는 셈이다.

이처럼 거울 신경의 공감 능력을 적절히 자극할 때는 사회적 상호성을 높여준다. 신경심리학자 콜(J. Cole)은 신체적으로 타인의 표정을 따라 하지 못하는 사람일수록 타인의 감정을 잘 읽지 못한다는 사실을 밝혔다. 이 사례는 운동영역인 거울 신경이 타인의 감정을 이해하는 데에도 중요한 역할을 하고 있음을 말해준다.[16] 자폐환자는 타인의 행동을 관찰할 때 거울 신경의 활동이 매우 적기 때문에 감정이입에 어려움을 겪는다. 일반적으로 여성은 남성과 비교하면 거울 신경 시스템에서 강한 활동이 일어난다. 남성보다 발달한 언어기능과 함께 여성의 거울 신경 시스템은 섬세한 감정표현과 공감을 가능하게 한다. 목석같은 남자와 자폐증 역시 타인의 감정에 공감하는 기능을 하는 거울 신경 시스템의 차이와 결함 때문이라는 연구도 나오고 있다.

프리에이전트의 시대를 처음으로 제시한 세계적인 미래학자 대니얼 핑크(Daniel Pink)는 그의 책 《새로운 미래가 온다(A Whole New Mind: Why Right-brainers Will Rule the Future)》에서 미래 인재의 조건으로 '디자인, 스토리, 조화, 공감, 유희, 의미'를 말한다. 그가 제시하는 미래 인재의 여섯 가지 조건 중에도 '공감'이 포함되어 있다. 핑크가 말하는 공감이란 자신을 다른 사람의 처지에 놓고 생각하며 그 사람의

---

16 장대익, 《뇌과학, 경계를 넘다》, 바다출판사, 2011.

느낌을 직관적으로 이해하는 능력이다. 즉 다른 사람의 입장에 서서, 그 사람의 눈으로 보고, 그 사람의 감정을 느끼는 능력이다. 핑크는 공감의 능력에 대해 다음과 같이 강조한다.

공감의 능력은 21세기 노동시장에서 생존하는 데 필요한 직업적 기술 이상의 의미를 갖고 있다. 공감은 생활윤리이기도 하다. 공감은 인간이 다른 인간을 이해하는 수단이며, 다윈과 에크먼이 발견한 것처럼 "국가와 민족을 초월해 우리를 다른 사람과 연결해주는 보편적 언어"다. 공감은 우리를 인간답게 만들고 기쁨을 준다. 게다가 공감은 의미 있는 삶을 살아가는 데 필요한 요소다.[17]

사우스웨스트항공과 관련된 또 다른 이야기도 주목해보자.

매년 경쟁사들이 하나둘씩 문을 닫고 있는 항공산업에서 사우스웨스트 항공사가 계속 승승장구하고 있는 이유는 무엇인가? 사우스웨스트 항공사는 다른 경쟁업체들과 달리 분기마다 목표를 달성했고, 정리해고를 한 번도 하지 않은 것으로도 유명하다. 2001년 9월 11일 테러 사건 이후 미국의 많은 항공사가 대대적으로 인력을 감축했지만, 이 회사는 그렇게 하지 않았다. 이것은 콜린 바렛(Colleen C. Barrett)이 조성해온 특유한 기업풍토와 깊은 관련이 있다. 그녀는 단체정신을

---

17 다니엘 핑크, 《새로운 미래가 온다》, 한국경제신문, 2012.

고취했고, 서로를 배려하도록 독려했다. 또한, 회사의 직급구조를 간소화하고, 개성을 강조했다. 사우스웨스트 항공사 직원들은 캐주얼정장에서부터 청바지에 티셔츠 차림까지 격식을 갖추지 않은 자유로운 복장으로 근무하며, 직함으로 서로를 구분하기보다는 각자의 이름과 저마다 무엇을 잘하는지로 상대방을 인식한다. 그들은 보다 자유로운 분위기 속에서 인간관계를 확립하고, 매우 창의적이고 융통성 있게 업무를 수행하고 있다. 콜린은 자신과 팀원들 모두가 회사가 도약할 수 있도록 열심히 노력하는 한편, 재미를 느끼고 성찰을 할 기회를 정기적으로 갖고 있는지 확인한다. 그녀는 자신을 돌보고, 스스로 중요하게 여기는 것들에 관심을 기울이며, 자신이 걱정하는 사람들과 지속적으로 교류하는 가운데, 내적·외적으로 조화를 이루고 유지해나가는 방법을 배웠다.[18]

다시 대니얼 골먼의 이야기다. 그는 컨설팅 전문가인 리처드 보이애치스(Richard Boyatzis), 애니 맥키(Annie McKee)와 함께 쓴 《감성의 리더십(Primal Leadership)》에서 다음과 같이 이야기한다.

감성을 중시하는 리더십이 앞으로 점점 더 중요해질 것이라는 예측을 하는 데는 또 다른 이유가 있다. 낡은 형태의 리더십은 기능적인 부분에만 초점이 맞춰져 있을 뿐 감성적이거나 개인적인 차원에 대해서는

---

[18] 리처드 보이애치스·애니 맥키, 《공감 리더십》, 에코의서재, 2007.

별로 관심을 갖지 않는다. 그와 같은 비인간적인 리더십은 오늘날 점점 그 설자리를 잃고 있다. 반면 공감의 분위기를 조성할 줄 아는 리더는 업체의 우두머리라는 이미지 속에 스며 있던 낡은 리더십의 틀을 깨부수고 있다. 이때 낡은 리더십의 틀이란 오로지 자신이 가진 지위의 힘으로만 조직을 이끌려고 하는 우두머리의 구시대적인 모습을 가리킨다. 권력이 아닌 인간관계를 조정하는 탁월한 능력으로 조직을 이끌어가는 우수한 리더가 속속 출현하고 있다. 인간관계를 조정하는 능력이란 업체의 분위기를 바꿀 수 있는 남다른 능력을 말하는 것으로 그것은 이제 리더의 필수적인 능력 가운데 하나가 되었다. 탁월한 리더십에 대한 정의가 인간 대 인간이라는 맥락에서 다시 규정되고 있다. 회사의 차원에서는 관리자 계층을 따로 두지 않고 국경을 초월한 조직체가 만들어지고 있다. 그리고 고객과 업자들은 상호 연결의 망을 다시 짜고 있다.

감성지능을 갖춘 리더는 언제 사람들과 같이 협력해야 할지, 언제 전망형 리더십을 발휘해야 할지, 언제 귀를 기울이고 언제 명령을 내려야 할지를 잘 알고 있다. 그는 중요한 사안에 대한 나름의 감각에 귀를 기울일 줄도 알고 자신이 이끌고 있는 사람들이 갖고 있는 가치관에 부응할 수 있는 사명을 이야기할 줄도 안다. 그는 자연스럽게 인간관계를 중시하며 도저히 참을 수 없는 사안은 표면화시켜 개혁할 줄 알고, 서로 조화를 이루는 집단 안에서 인간적인 시너지 효과를 창출할 줄도 안다. 그는 자신을 위해 일하는 사람들의 경력을 소중히 여김으로써 흔들리지 않는 충성심을 이끌어낼 수 있다. 그리고 공동의 가

치관에 호소하는 사명을 제시함으로써 사람들이 최선을 다할 수 있도록 고무시킬 수 있다.[19]

Technology 최신 기술을 활용하고 기술지능을 높여라

땀 흘려 일하는 모습은 아름답다. 하지만 땀 흘려 일하는 것이 반드시 좋은 결과를 만들어내지는 않는다. 노력 없이 좋은 결과를 얻을 수 없지만, 노력만으로 좋은 결과를 만들어낼 수는 없다. 스마트하게 일해야 한다. 주변에 활용할 수 있는 기술을 최대한 활용해 일해야 한다. 이런저런 도움 없이 자신만의 힘으로만 결과를 만들어낸 것을 자랑스럽게 생각하지 마라. 오히려 부끄럽게 느껴야 한다. 기술을 활용할 줄도 모르고 도움받을 만한 네트워크도 없다는 의미다.

생각해보라. 지금보다 미래사회는 활용할 수 있는 기술이 훨씬 더 많아질 것이다. 앞으로 10~20년 동안 개발되어 나올 기술은 지금의 기술을 몇 배 더 능가하는 엄청난 수준의 기술일 것이다. 그런데 활용할 능력이 없어 땀 흘려 열심히 일하는 것 외에는 달리 방법이 없다면 그런 사람에게 일을 맡길까? 기술을 사용하는 방법을 훈련해야 한다. 익숙한 도구가 손에 맞고 효과적이다. 하지만 익숙한 것에만 머물러 있어서는 앞으로 나아갈 수 없다.

해야 할 일이나 하고 있는 일을 지금까지 나온 기술과 앞으로 나올 기술과 접목하면 할수록 성공 가능성을 키울 수 있다. 특히 새로

---

19 다니엘 골먼·리처드 보이애치스·애니 맥키, 《감성의 리더십》, 청림출판, 2003.

운 정보통신기술을 활용하는 능력이 중요하다. 인터넷과 같은 정보통신기술을 적극적으로 활용하지 않았다면 지금 우리 사회가 어떤 모습이었을지 생각해보라. 누구나 가지고 있는 지식, 누구나 쉽게 얻을 수 있는 지식이지만 인터넷과 같은 정보통신기술을 적극적으로 활용해 성공을 이루고 새로운 부를 창출한 사람들이 있다.

새로운 기술을 배우는 것이 마냥 즐거운 일은 아니다. 오히려 힘들 때가 많다. 하지만 새로운 기술이 중심을 이루는 환경에서는 그 핵심 기술을 자유롭게 활용하는 능력이 경쟁력으로 작용한다. 21세기 기업이 20세기 방식에 머물러 있는 사람을 채용할까? 그런 일은 절대 일어나지 않을 것이다.

그렇다면 새로운 기술을 자신의 경쟁력으로 만들려면 어떻게 해야 할까? 다음의 세 가지를 항상 기억하고 실천하라. 우선 새로운 기술에 관한 관심도를 높여야 한다. 대개 이미 익숙하게 활용하고 있는 도구가 있으면 새로운 도구에 관한 관심이 적다. 사용하던 도구에 문제가 발생하거나 사용하던 도구로는 해결할 수 없는 상황에 직면해야 새로운 도구에 관심을 두게 된다. 그러다 보면 새로운 도구가 세상에 등장해 여러 날이 지나고 그 새로움을 잃어버린 후에야 그 도구를 만나게 된다. 물론 그 순간 당사자에게는 새로운 도구다. 하지만 경쟁력을 갖춘 도구가 되지는 못한다. 자신이 맡은 일에서 항상 최고의 결과를 만들어내고 싶다면, 자신이 맡을 일과 관련된 새로운 기술이 등장하는 것에 관해 늘 관심을 두고 모니터링해야 한다.

둘째, 새로운 기술에 관한 직간접적인 경험을 계속 쌓아가야 한다. 지식이 머릿속에 채우는 것이라면, 기술은 근육과 뼈에 새기는 것이다. 새로운 기술에 관한 정보를 읽었다고 해서 그 기술을 활용할 능력을 소유하게 된 것은 아니다. 수영에 관한 책을 여러 권 읽고 최신 이론까지 모두 머릿속에 채웠다고 해서 물속에 한 번 들어가지도 않은 몸이 저절로 움직여 멋진 폼으로 수영하는 일은 없다. 이미 익힌 기술과 유사한 기술이건 전혀 낯선 기술이건 자신의 일과 관련된 기술이라면 몸으로 익히는 것이 중요하다. 특히 이미 해당 기술에 익숙한 사람들이 그 기술을 어떻게 활용하는지를 지켜보고 그들을 모방할 필요가 있다. 아무리 새로운 기술이라고 해도 너무도 익숙한 습관의 틀 속에 갇히면 새로움을 제대로 발휘하지 못할 때가 있다. 그래서 내가 아닌 타인이 그 기술을 어떻게 활용하는지를 지켜보는 것과 그들의 방식을 따라 모방하는 것이 중요하다.

셋째, 특정 기술에 관한 숙련도를 높여라. 자신의 일과 관련된 모든 새로운 기술을 자신의 것으로 삼는 것은 불가능하다. 아무리 뛰어난 투수라 해도 모든 새로운 구종을 던지지는 못한다. 다양한 구종을 던진다고 해서 최고의 투수가 되는 것도 아니다. 최고의 투수 중에는 다양하지는 않지만 확실한 몇 가지 구종을 탁월하게 던지는 투수가 있다. 다양한 기술을 습득해 때에 따라 활용할 수 있다면 뛰어난 인재라고 할 수 있다. 그런데 활용할 수 있는 기술의 숙련도가 그리 높지 않으면 해당 기술을 탁월하게 활용하는 인재와의 경쟁에서 뒤처질 수 있다.

위의 세 가지(새로운 기술에 관한 관심도, 새로운 기술에 관한 직간접적인 경험, 특정 기술에 관한 숙련도)를 간략히 말하면, '기술지능(Technology Intelligence)을 끊임없이 계발하라'고 정리할 수 있다. 기술지능은 주목할 기술을 도출하고 목적에 따라 선별 및 획득하는 능력이다. '지능'으로 번역된 인텔리전스(Intelligence)라는 용어는, '정보(Information)'와는 확연히 구분되는 개념이다. 인포메이션으로서의 정보가 언론매체나 그 외 기관들에서 발표 및 확산되는 사실(fact)들을 수집하는 것이라면 인텔리전스는 수집된 정보를 분석, 평가하여 활용도를 높이는 것까지 포함한다. 영국 케임브리지대학 기술경영연구센터의 모타라 교수에 따르면, 기술지능이란 새로운 기술에 대한 정보를 수집 및 전달하여 조직의 의사결정 과정을 지원하는 것으로 정의한다.

회복 탄력성을 높여라

미래 인재의 조건으로 제시된 S.M.A.R.T.를 모두 갖추었다고 해서 준비가 완료된 것은 아니다. 여기에 반드시 한 가지가 추가되어야 한다. 바로 회복 탄력성(resilience)이다. 회복 탄력성은 밑바닥까지 떨어져도 꿋꿋하게 되튀어 오르는 능력을 말한다. 물체마다 탄성이 다르듯이 사람에 따라 탄성도 다르다. 역경으로 밑바닥까지 떨어졌다가도 강한 회복 탄력성으로 되튀어 오르는 사람들은 대부분 원래 있었던 위치보다 더 높은 곳까지 올라간다. 어떤 불행한 사건이나 역경에 대해 어떤 의미를 부여하느냐에 따라 불행해지기도 하고 행복해지기도 한다. 세상일을 긍정적 방식으로 받아들이는 습관을 들이면 회복 탄력성은 놀랍게 향상된다.

영역마다 회복 탄력성을 정의하는 내용에 차이가 있다. 엔지니어링 분야는 교량, 건물 같은 구조물이 방해를 받은 후 기준 상태로 되돌아오는 정도를, 비상 대응 분야는 지진이나 홍수 같은 사건이 발생한 후 주요 시스템이 정상 수준으로 회복되는 속도를 의미한다. 생태학에서는 돌이킬 수 없을 정도로 망가지지 않도록 자신을 보호하는 생태계의 능력을, 심리학에서는 트라우마에 효과적으로 대처하는 개개인의 능력을 의미한다. 그런데 비즈니스 영역에서는 자연재해나 인재가 발생하더라도 지속적인 운영이 가능하도록 백업 데이터와 예비 자원을 준비해두는 방안을 의미한다.[20]

오늘날 세계가 직면하고 있는 도전에 대처하기 위한 혁신적인 접근방법을 찾기 위해 과학, 기술, 혁신, 설계, 건강, 인문학, 기업 및 사회 부문의 걸출한 리더들과 새롭게 떠오르는 리더들을 한데 모으는 세계적인 혁신 네트워크 팝테크(www.poptech.org)의 관리자이자 이사인 앤드루 졸리(Andrew Zolli)는 극작가인 앤 마리 힐리(Ann Marie Healy)와 함께 쓴 《Resilience》에서 회복 탄력성에 관해 다음과 같이 이야기한다.

---

[20] Andrew Zolli, 《Resilience》, Headline, 2013.

변덕스러운 변화의 물결을 제어할 수는 없지만, 배를 더 튼튼하게 만드는 방법은 익힐 수 있다. 혼란을 좀 더 효과적으로 받아들이고, 좀 더 다양한 조건에서 원활하게 작동하고, 하나의 환경에서 다른 환경으로 좀 더 부드럽게 이동할 수 있도록 각종 조직과 기관, 시스템을 설계할 수 있다. 혹은 재설계할 수 있다. 이를 위해서는 최근 새롭게 떠오르고 있는 회복 탄력성 분야를 제대로 이해해야 한다.

경제학, 생태학, 정치학, 인지과학, 디지털 네트워킹 등 서로 전혀 관련이 없어 보이는 분야에서 활동하는 전 세계의 과학자, 정책 입안자, 기술 전문가, 재계 지도자, 활동가 들은 모두 비슷비슷한 근본적인 질문을 던진다. 어떤 시스템은 망가지고 어떤 시스템은 회복하는 이유가 무엇일까? 어떤 시스템이 완전성과 원래의 목적을 잃지 않는 범위 내에서 얼마나 많은 변화를 받아들일 수 있을까? 시스템에 내재해 있는 어떤 특성이 변화에 적응하는 데 도움이 될까? 요즘처럼 끊임없이 혼란이 발생하는 시대에 자기 자신, 지역사회, 기업, 경제, 사회, 지구를 위해 좀 더 충격을 잘 흡수하는 시스템을 만들려면 어떻게 해야 할까? 마치 현상 중인 폴라로이드 사진처럼 이들이 연구를 통해 찾아낸 통찰력과 교훈, 경험 법칙은 완전히 새로운 분야의 존재를 알려준다. 혼란을 예측하고, 문제가 생겼을 때 스스로 치유하며, 환경이 급격하게 변화할 때에도 핵심 목표를 잊지 않도록 스스로 개편하는 능력을 갖추고 있는 사회, 경제, 기술, 비즈니스 시스템을 만들어내는 데 도움이 되며 보편화 가능한 통찰력이 바로 그것이다.

왜 어떤 시스템은 망가지고 어떤 시스템은 회복하는 걸까? 개인도 마찬가지다. 왜 어떤 개인은 망가지고 어떤 개인은 회복하는 걸까? 예측할 수 없이 급변하는 시기에는 반드시 던져야 하는 질문이다. 급변의 시기에는 부분이 아니라 뿌리를 포함한 전체가 흔들리는 위기를 경험할 가능성이 크기 때문이다.

회복 탄력성을 강화한다는 것은 필요한 경우 수용할 수 있는 대체 방안의 범위를 넓히는 동시에 자신이 선 자리에서 밀려나지 않도록 저항하는 능력을 키운다는 뜻이다. 회복 탄력성에 관해 연구하는 학자들은 이것을 '적응 능력(자신의 핵심 목표를 충족시키는 동시에 바뀐 환경에 적응하는 능력)을 보존한다'고 표현한다. 그렇다. 예측 불가능한 혼란과 변동성으로 가득한 시대에는 회복 탄력성을 갖추는 것이 무엇보다 중요하다.[21] 탁월한 여러 능력을 갖추고 있다고 하더라도 회복 탄력성을 갖추지 못할 경우 한 번의 결정적 위험이 치명적인 실패로 이어지고 결국에는 회복 불가능한 상황으로 빠져들 수 있다.

그런데 회복 탄력성을 제대로 이해하기 위해서는 다음의 몇 가지 오해를 제거하는 것이 필요하다. 앤드루 졸리가 지적한 내용을 정리하면 다음과 같다.[22] 첫째, 회복 탄력성이 견고성과 혼용되는 경우가 많지만, 견고성은 시스템의 자산이 확고해지는 현상을 일컫는 것으로 회복 탄력성과는 다르다. 이집트에 있는 피라미드는 놀라울

---

[21] Andrew Zolli, 《Resilience》, Headline, 2013.
[22] Andrew Zolli, 《Resilience》, Headline, 2013.

만큼 견고한 건축물이다. 앞으로 몇천 년이 흘러도 끄떡없이 그 자리에 서 있을 가능성이 크다. 하지만 피라미드는 한 번 쓰러지고 나면 다시 원상태로 돌아가지 못한다.

둘째, 중복성도 회복 탄력성과는 다르다. 중복성을 발휘하는 시스템은 위태로운 상황에 부닥치더라도 망가지지 않고 지속할 가능성이 크다는 사실이 입증되었다. 하지만 중복성과 회복 탄력성은 동의어가 될 수 없다. 높은 수준의 회복 탄력성을 갖추고 있는 시스템은 높은 수준의 중복성을 갖춘 경우가 많다. 하지만 이렇게 예비책을 마련하려면 많은 돈이 든다. 그럴 뿐만 아니라 아무런 문제도 없는 호시절에는 효율성 개선을 위해 예비책을 제거하라는 엄청난 압박이 가해질 수도 있다. 설상가상으로 환경이 급격하게 변화하면 많은 돈을 들여 마련해놓은 예비책이 전혀, 혹은 거의 쓸모없는 존재로 전락할 수도 있다.

셋째, 회복 탄력성이 반드시 어떤 시스템이 원래의 상태로 되돌아가는 것을 의미하지는 않는다. 회복 탄력성을 갖춘 일부 시스템은 주변 환경이 파괴되거나 환경에 급격한 변화가 생긴 후에 원래의 상태로 되돌아갈 수도 있다. 하지만 언제나 그래야 하는 것은 아니다. 회복 탄력성을 갖춘 시스템이 목적 달성을 위해 꾸준히 노력하는 한편 끊임없이 변화하는 환경에 적응하기 위해 지속적이고 유동적인 방식으로 자체적인 변화를 추구할 수도 있다.

세 가지 자본을 갖추라

런던경영대학원 경영학 교수로 재직하고 있는 린다 그래튼(Lynda Gratton)의 이야기를 주목해보자. 그는 지난 30년 동안 기업문화, 전략적 조직관리, 조직혁신, 조직학습 등을 연구한 인적자원관리 분야의 세계적 권위자이자, 〈파이낸셜타임스〉, 〈비즈니스위크〉가 선정한 세계 최고의 경영사상가다. 그래튼은 앞으로 노동 상황이 부정적으로 바뀌든 긍정적으로 바뀌든 인간은 일에서 삶의 의미와 행복을 찾는 일을 멈추지 않을 것이라고 말한다. 일자리가 사라질 것을 걱정하고 두려워하기보다는 일의 변화를 예측하고 미래에 요구되는 능력을 능동적으로 준비하라고 말한다.

일의 미래를 밝게 만들어가려면 자신의 기본 전제, 지식과 능력, 업무 관행 혹은 습관을 바꿔야 한다. 이러한 전환을 고민할 때 취할 방법은 우리가 이용할 수 있는 세 가지 자본의 관점에서 생각해보는 것이다. 첫 번째 자본은 지적 자본(intellectual capital)이다. 지적 자본이란 어떤 문제와 도전을 만났을 때, 자신의 지식을 현명하고 심층적인 사고 능력과 결합시키는 것을 말한다. 대부분의 학교와 여타 교육기관도 인지능력 향상과 학습능력 심화를 목표로 삼아 지적 자본을 증가시키기 위해 노력한다. 지적 자본은 경력개발에서 중요한 역할을 하는데, 그 이유는 그것이 어떤 지적 영역에 종사하는지, 그 영역에서의 업무 역량은 어느 정도인지 가늠하는 척도가 되기 때문이다. 미래에는 가치 있는 일을 하거나 경력을 쌓고자 할 때 지적 자본이 더 중요해질 것이다. 두 번째 자본은 사회적 자본(social capital)이다. 사회적 자본이란 자신의 모든 인간관계를 비롯해 네트워크의 폭과 깊이를 합친 것을 의미한다. 인간관계에는 개인적인 즐거움의 원천이 되는 강력한 관계도 있고, 약하지만 다양한 집단과 연결해주는 관계도 있다. 미래에는 이러한 관계 및 네트워크의 폭과 깊이가 그 어느 때보다도 중요해질 것이다. 따라서 우리는 의식적으로 관계와 네트워크를 만들고 육성해야 한다.

세 번째 자본은 감성자본(emotional capital)이다. 감성자본은 스스로를 이해하고 자신이 내리는 선택을 성찰할 수 있는 능력을 말한다. 또한 용기 있는 행동을 하고자 할 때 대단히 중요한 감정적 회복력과 의연함을 기르는 능력을 말하기도 한다. 가장 중요하게는 행복한 인생이 무엇인지, 자신의 가치관과 일 사이에서 조화를 이루려면 어떻게 살아야 하는지를 이해하고 거기에 맞는 선택을 하는 능력을 의미한다.[23]

앞서 이런저런 이야기를 통해 강조했듯이 앞으로는 세 가지 자본(지적 자본, 사회적 자본, 감성자본) 모두를 갖춘 인재만이 자기 일을 만들어내고 유지하고 확장하는 시대가 될 것이다. 어느 하나가 다른 것을 대신할 수 없다. 세 가지 자본의 화학적 총합이 그 사람의 역량이 될 것이다.

---

[23] 린다 그래튼, 《일의 미래》, 생각연구소, 2012.

지금 일어나고 있는 변화는 한때 유행처럼 표층에서만 진행되고 있는 것이 아니다. 바람에 흔들리는 여린 가지의 움직임 같은 그런 변화가 아니다. 심층이 움직이고 있는 아니 그보다 더 근원적인 변화, 즉 땅 자체가 움직이는 그런 변화다. 그래튼은 오늘날의 변화가 우리의 일상적인 업무 여건과 습관에만 영향을 주는 것이 아니라 의식에까지 영향을 주고 있다고 말한다.

변하는 것은 우리의 일상적인 업무 여건과 습관뿐이 아니다. 산업화가 선조의 근로의식을 바꿔놓았듯 우리의 근로의식도 바뀔 것이다. 산업혁명은 상품을 판매하는 거래 시장을 만드는 것은 물론 인간의 뇌를 재편성해 소비 욕구를 높이고 부와 재산을 획득하게 이끌었다. 지금 우리 앞에 던져진 질문은 이것이다. 현재와 미래의 근로의식은 앞으로 다가올 기술과 세계화의 시대에 얼마나 많이 바뀔 것인가?[24]

"우리는 조직생활의 양산품도 기업이라는 기계에 속한 톱니도 아니다. 스스로 선택하고 그런 선택의 결과를 책임질 능력이 있다. 이를 위해서는 자신의 감정과 단점을 솔직히 인정하고, 안전지대 너머의 위험을 감수해야 하며 용기 있게 행동해야 한다."[25] 조직이나 환경, 타인이 아닌 자신에게 진지하게 질문해야 한다. 오늘날 일어

[24] 린다 그래튼, 《일의 미래》, 생각연구소, 2012.
[25] 린다 그래튼, 《일의 미래》, 생각연구소, 2012.

나고 있는 엄청난 변화 속에서 무엇을 하고 있는지를 말이다. '탓'을 버려야 한다. 그래야 앞으로 달려갈 동력을 잃지 않는다.

 기억하자. "미래를 고민할 때는 불확실성 요소를 고려해 우리 앞에 닥친 불확실성에도 흔들리지 않는 대응전략을 개발해야 한다. 그뿐 아니라 미래 예측의 정확성을 높이기 위한 노력도 병행해야 한다. 미리 준비하고 있으면 함정이 나타났을 때 피할 수 있고, 한발 앞서 기회를 알아보고 그 기회를 재빨리 움켜쥘 수 있다. 미래를 조금이라도 알게 되면 자신의 미래를 준비하는 것은 물론, 주위 사람에게도 이전과는 다른 충고를 할 수 있다. 자신은 물론 가족, 친구, 공동체, 기업이 내리는 선택에 근본적인 영향을 미칠 수 있다. 나아가 어떤 역량을 계발할 것인지, 어떤 커뮤니티와 네트워크에 관심을 집중할 것인지, 혹은 어떤 회사 및 조직과 함께 일할 것인지 결정할 때 영향을 미치게 된다."[26] 지금 그리고 앞으로는 바로 이런 인재가 필요하다.

---

[26] 린다 그래튼, 《일의 미래》, 생각연구소, 2012.

에필로그

장애는 기회다

에릭 호퍼(Eric Hoffer)의 글을 소개하는 것으로 시작했다. 다시 그의 글로써 마무리를 하려 한다.

불완전한 열등 동물인 인간이 자연계에서 동물 이상의 존재가 될 수 있었던 것은 약점을 이점으로 바꾸는 비범한 천부적 재능 덕분이었다. 인간의 도구와 무기는 특수 기관의 결여를 보완해주는 것 이상의 역할을 해냈고, 인간의 학습 능력은 타고난 기술과 기관의 적응 능력으로 할 수 있는 것 이상의 업적을 달성했다. 장애를 기회로 바꿀 때 인간이 그 고유성을 최대로 발휘한다는 것은 여전히 불변의 진리이다.[1]

버거운 일상이다. 하루를 사는 것도 벅찬데 미래를 준비해야 한다고 하니 막막하고 답답하다. 게다가 세상은 너무도 빠른 속도로

---

[1] 에릭 호퍼, 《인간의 조건》, 이다미디어, 2014.

판이 흔들리고 축이 이동한다. 따지고 보면 세상은 늘 변해왔다. 변하는 겉모습에는 차이가 있었지만, 언제나 엄청난 속도로 내달렸다. 과거에도 미래에도 나름의 문제는 항상 있을 것이다. 오늘을 사는 우리에게는 오늘이 중요하다. 오늘 무엇을 생각하고, 무엇을 선택하고, 무엇을 행하고, 무엇을 준비하느냐가 쌓여 현재가 되고 미래가 된다.

감이후지(坎而後止)란 말이 있다. 구덩이를 만나면 넘칠 때까지 기다린다는 의미다. 역경 속에서 내실을 기해 신실함을 지키면, 다시 기회를 얻을 수 있다. 섣부른 판단으로 지레 포기하거나 소극적으로 움츠러들기만 할 일이 아니다. 간위적막(艱危寂寞)이란 말도 있다. 시련과 적막의 시간이 필요하다는 뜻이다. 언제나 좋은 세월은 없다. 한꺼번에 내딛다가 걸려 넘어진다. 고요 속에 자신을 돌아볼 줄 알아야 마음의 길이 비로소 선명해진다. 이 둘을 잘 아울러야 삶이 튼실하다. 시련의 때에 주저앉지 말고, 적막의 날들 앞에 허물어지지 말자.[2]

기억하자.
준비된 자에게 미래는 위험이 아니다.
준비된 자에게 미래는 기회의 신대륙이다.

---

2 정민, 《일침》, 김영사, 2012.